Så Funkar Internet
Text ⓒ Karin Nygårds, 2016
Illustrations ⓒ Johanna Kristiansson, 2016
First published by Bonnier Carlsen Bokförlag, Stockholm, Sweden
Published in the Korean language by arrangement with Bonnier Rights, Stockholm, Sweden
Korean translation ⓒ 2017 Mindbridge

이 책의 한국어판 저작권은 Icarias Agency를 통해
Bonnier Carlsen Bokförlag와 독점 계약한 도서출판 마음이음에 있습니다.
저작권법에 의하여 한국 내에서 보호를 받는 저작물이므로 무단전재와 복제를 금합니다.

인터넷, 알고는 사용하니?

초판 1쇄 발행 2017년 6월 15일
초판 2쇄 발행 2019년 12월 25일

지은이 카린 뉘고츠   **그린이** 유한나 크리스티안손
옮긴이 이유진   **감수** 권정민
펴낸이 정혜숙   **펴낸곳** 마음이음

책임편집 이금정
등록 2016년 4월 5일(제2016-000005호)
주소 03925 서울시 마포구 상암동 1602 문화콘텐츠센터 5층 6호
전화 070-7570-8869   **팩스** 0505-333-8869   **전자우편** ieum2016@hanmail.net

블로그 https://blog.naver.com/ieum2018
ISBN 979-11-960132-4-0 74000
　　　　979-11-960132-3-3 (세트)
CIP2017010647

이 책의 내용은 저작권법의 보호를 받는 저작물이므로 무단전재와 복제를 금합니다.
책값은 뒤표지에 있습니다.

어린이제품안전특별법에 의한 제품표시
제조자명 마음이음   **제조국명** 대한민국   **사용연령** 만 9세 이상 어린이 제품
KC마크는 이 제품이 공통안전기준에 적합하였음을 의미합니다.

인터넷 알고는 사용하니?

카린 뉘고츠 지음 | 유한나 크리스티안손 그림
이유진 옮김 | 권정민 감수

마음이음

인터넷 세상에 온 걸 환영해요!

우리는 인터넷과 떼려야 뗄 수 없는 세상을 살고 있어요.
인터넷으로 게임을 하고, 영화를 보고, 음악을 듣지요.
자, 이렇게 중요한 인터넷이 도대체 무엇인지
이 책을 통해 함께 알아봐요.

집 안 사물들을 제어하는 제어판

안에 들어 있는 것들을 확인해서 알려 주는 냉장고

원격 조명

물을 주어야 할 때를 알려 주는 화분

차례

인터넷이 뭐지? •10	띵동! 데이터가 배달되었어요! •28
아르파넷에서 인터넷으로 •12	비트와 바이트 •30
월드 와이드 웹 •14	코딩과 프로그램 •32
컴퓨터는 0과 1만 이해해 •16	쉿! 비밀 인터넷 ❶ •34
데이터는 어떻게 이동하지? •18	쉿! 비밀 인터넷 ❷ •36
어디서든 인터넷을! 무선 신호 •20	딥웹과 다크넷 •38
데이터가 이동하는 길, 광케이블 •22	바이러스와 해커 •40
광섬유를 어떻게 만들지? •24	조심해! 사이버 폭력 •42
컴퓨터들의 약속, 프로토콜 •26	인터넷 세상에도 대통령이 있을까? •44

디지털 시대 연표

1956 IBM이 최초의 하드디스크 '모델 350 디스크 파일'을 출시한다. 이 하드디스크는 용량이 5메가바이트, 무게가 무려 1톤이었다.

1963 '아스키코드(미국 정보교환 표준코드)'가 도입된다. 아스키코드를 통해 여러 제조사가 만든 컴퓨터들이 서로 통신할 수 있게 되었다.

1971 세계 최초의 전자우편이 발송된다.

1973 아르파넷이 미국 바깥으로 나가고, 영국과 노르웨이가 인공위성으로 연결된다.

1983 아르파넷이 TCP/IP 프로토콜로 옮겨 가고 인터넷 시대가 열린다.

1984 서울과 구미 두 도시를 연결한 최초의 인터넷이 개발된다.

팀 버너스 리

1950년대 | 1960년대 | 1970년대 | 1980년대

1946 최초의 전자식 컴퓨터 에니악이 나온다. 에니악은 무게가 130톤이었으며, 1초에 5,000번 계산할 수 있었다.

빌 듀벌

1969 인터넷의 전신인 '아르파넷'이 만들어지고, 4개 대학교가 네트워크로 연결된다.

1982 최초의 가정용 컴퓨터 '코모도어 C64'가 출시된다.

1982 미소 이모티콘 :-)을 처음으로 사용한다.

1986 한국의 국가 도메인 .kr이 등록된다.

인터넷이라는 말은 '사이'를 뜻하는 라틴어에서 비롯된 영어 단어 inter(인터)와 '그물망'을 뜻하는 영어 단어 network(네트워크) 이렇게 두 단어를 합쳐서 만들었어요.

똑똑한 인터넷 검색법 •46	인터넷이 없던 시절 •54
인터넷 용어가 궁금해 •48	깨알 정보 •56
스마트한 사물 인터넷 •50	용어 설명 •58
깜짝 놀랄 인터넷 현상 •52	찾아보기 •60

1993
커피메이커가 세계 최초로 인터넷에 연결된 사물이 된다.

1996
최초의 웹 기반 전자우편 서비스 '핫메일(HOTMAIL)'이 나온다.

2000
ADSL로 초당 512킬로바이트 속도로 웹 서핑을 할 수 있게 된다.

2003
안드로이드와 스카이프가 나온다.

2005
유튜브가 설립된다.

2010
아이패드가 출시된다.

1990년대   2000년대

1990
팀 버너스 리가 월드 와이드 웹(www)을 만든다.

1992
IBM에서 최초의 스마트폰을 선보인다. 이 스마트폰은 터치스크린, 달력, 전자우편 기능이 있었다.

1999
'와이파이(Wifi)'가 나온다.

2001
위키피디아가 열린다.

2004
페이스북이 시작된다.

2007
아이폰이 출시된다.

인터넷이 뭐지?

인터넷은 대기, 땅속은 물론 지구를 벗어난 우주와
바닷속 깊은 곳까지 뻗어 있는 보이지 않는 길이에요.
이 길은 스마트폰, 컴퓨터, 태블릿 컴퓨터 등 많은 기계들과 연결돼요.

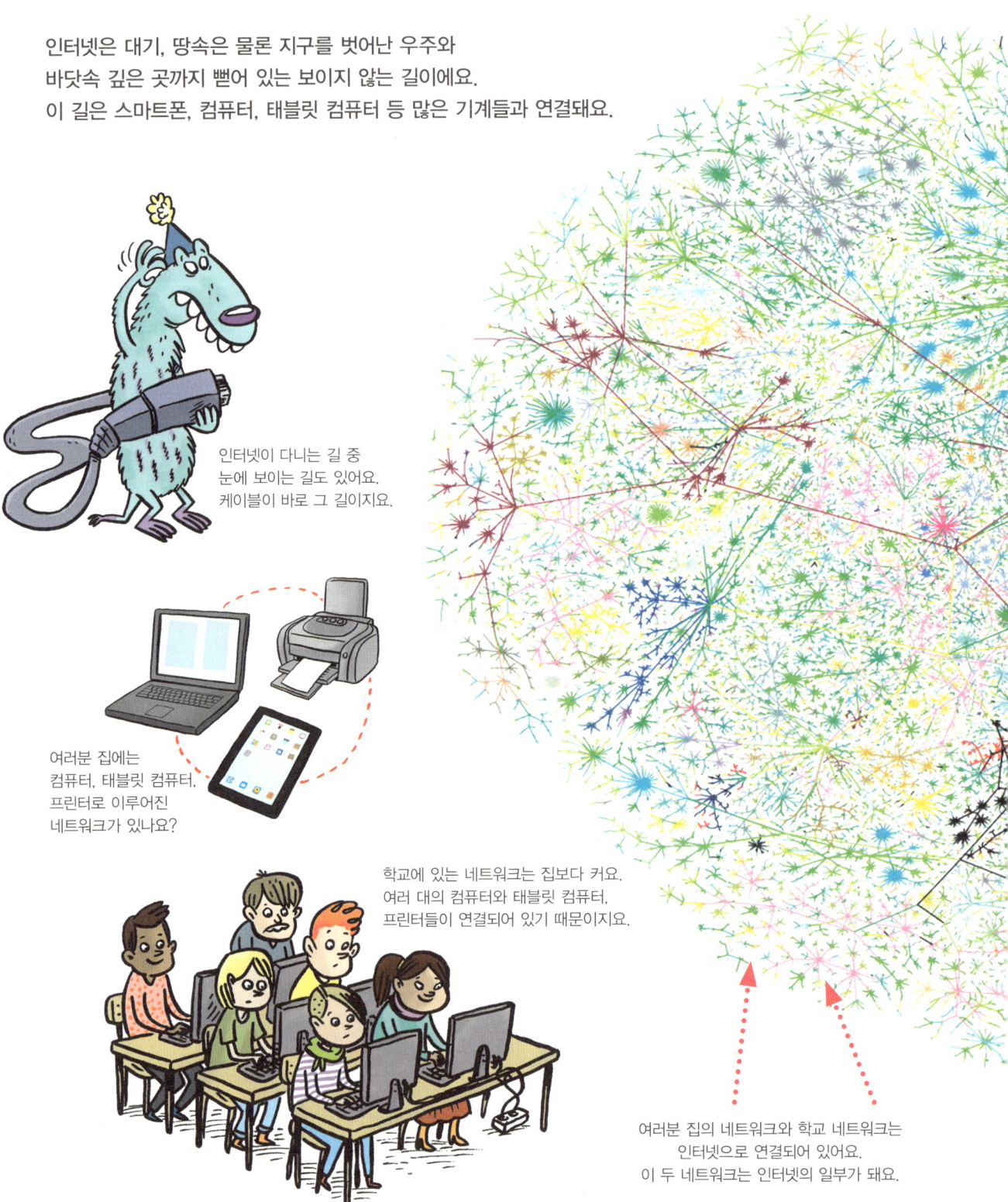

인터넷이 다니는 길 중
눈에 보이는 길도 있어요.
케이블이 바로 그 길이지요.

여러분 집에는
컴퓨터, 태블릿 컴퓨터,
프린터로 이루어진
네트워크가 있나요?

학교에 있는 네트워크는 집보다 커요.
여러 대의 컴퓨터와 태블릿 컴퓨터,
프린터들이 연결되어 있기 때문이지요.

여러분 집의 네트워크와 학교 네트워크는
인터넷으로 연결되어 있어요.
이 두 네트워크는 인터넷의 일부가 돼요.

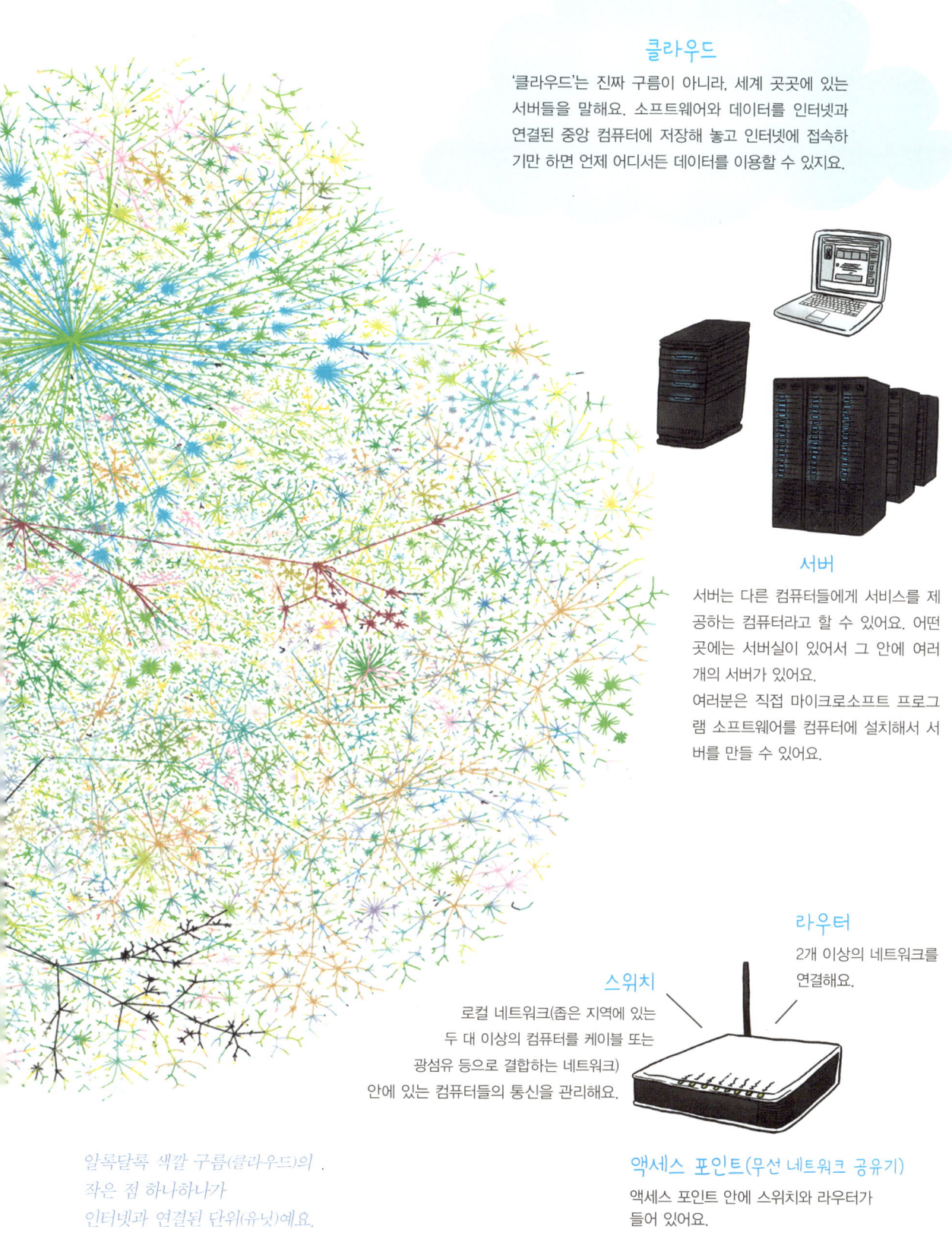

클라우드

'클라우드'는 진짜 구름이 아니라, 세계 곳곳에 있는 서버들을 말해요. 소프트웨어와 데이터를 인터넷과 연결된 중앙 컴퓨터에 저장해 놓고 인터넷에 접속하기만 하면 언제 어디서든 데이터를 이용할 수 있지요.

서버

서버는 다른 컴퓨터들에게 서비스를 제공하는 컴퓨터라고 할 수 있어요. 어떤 곳에는 서버실이 있어서 그 안에 여러 개의 서버가 있어요.
여러분은 직접 마이크로소프트 프로그램 소프트웨어를 컴퓨터에 설치해서 서버를 만들 수 있어요.

라우터

2개 이상의 네트워크를 연결해요.

스위치

로컬 네트워크(좁은 지역에 있는 두 대 이상의 컴퓨터를 케이블 또는 광섬유 등으로 결합하는 네트워크) 안에 있는 컴퓨터들의 통신을 관리해요.

액세스 포인트 (무선 네트워크 공유기)

액세스 포인트 안에 스위치와 라우터가 들어 있어요.

알록달록 색깔 구름(클라우드)의 작은 점 하나하나가 인터넷과 연결된 단위(유닛)예요.

아르파넷에서 인터넷으로

1957년 미국 정부는 컴퓨터 제어 기술에 많은 노력을 기울였어요. 여러 대학교에서 뛰어난 개발자들이 모여 서로 머리를 맞대고 연구했어요. 이 연구 모임 이름은 '아르파(ARPA : 미국 국방부 고등연구계획국)'였어요. 이들은 지금의 인터넷이 된 네트워크를 만드는 데 성공했지요.

인터넷의 시초

그 시절에는 손 안의 컴퓨터가 된 휴대전화가 없을 때였어요. 믿을 수 없겠지만, 컴퓨터가 방 하나를 차지할 만큼 거대했지요.

컴퓨터는 주로 여러 연구에서 나온 정보를 모으는 데 사용되었어요. 연구자들은 정보를 더욱 쉽게 나누기 위해 전화선을 통해 정보를 컴퓨터로 보내는 방법이 없을까 생각했어요.

지금은 정보를 보내고 모으는 일이 너무나도 쉽지만, 그 시절만 해도 무척 어려운 일이었어요. 이 일이 최초로 성공한 건 1969년으로, 캘리포니아 대학교 로스앤젤레스캠퍼스(UCLA)에서 보낸 메시지가 샌프란시스코에 있는 스탠퍼드 대학교에 도착했어요.

최초의 연결

1969년 10월 29일 저녁 9시 30분, 찰리 클라인은 캘리포니아 대학교 로스앤젤레스캠퍼스(UCLA) 컴퓨터 연구실에 혼자 남아 있었어요.

찰리 클라인

아르파넷

1969년 12월, 미국 4개 대학교의 컴퓨터 4대가 한 네트워크에서 연결되었어요. 이 네트워크 이름은 아르파넷이었어요. 이후 더욱더 많은 대학교들이 이 네트워크 참여에 관심을 가지게 되었고, 1973년 9월에는 미국 전역에서 컴퓨터 38대가 아르파넷에 연결되었지요. 또한 미국을 벗어나 위성으로도 네트워크가 연결되었어요. 위성으로 네트워크 연결에 성공한 나라는 영국과 노르웨이였어요.

인터넷이 만들어지다!

아르파넷에서 주된 연구를 한 사람은 인터넷의 아버지라 불리는 미국의 전산학자 빈트 서프와 로버트 칸이었어요. 두 사람은 모든 컴퓨터들이 정보를 나눌 수 있는 방법을 찾아내는 일에 힘을 쏟았어요.

그러려면 어떤 컴퓨터가 메시지를 보내고, 또 어떤 컴퓨터가 메시지를 받는지 알아야 했어요. 그래서 아이피(IP) 주소를 만들었어요.

또한 메시지가 제대로 도착했는지 알아내는 방법 역시 필요했어요. 그래서 티시피(TCP: 전송 제어 프로토콜)를 만들었어요.

찰리는 스탠퍼드 대학교 컴퓨터 연구실에 있던 빌 듀벌에게 전화를 걸었어요. 찰리와 빌은 컴퓨터로 여러 차례 메시지를 보내 보려 했지만 성공하지 못했어요.
"다시 해 볼까요?"
찰리가 물었어요.
"좋아요."
빌이 대답했어요. 하지만 빌은 이 메시지 전송이 성공할 것이라고는 생각지도 않았어요.
전송이 성공할 줄 알았다면 최초 메시지로 더욱 멋진 말을 생각해 냈을 거라고 나중에 빌과 찰리는 말했거든요.
찰리는 빌의 컴퓨터에 로그인을 시도했어요.
"좋아요, 이제 글자 L을 씁니다."
찰리가 전화로 말했어요.
빌은 자신의 귀와 눈을 믿을 수 없었어요. 모니터에 찰리가 쓴 L이 나

빌 듀벌

타났거든요.
"이럴 수가! L이 보여요!"
빌이 소리를 지르는 바람에 찰리는 놀라서 수화기를 떨어뜨릴 뻔했어요.
"이제 O를 씁니다."
"이제 G를 씁니다."
찰리가 계속해서 말했어요.
그때 빌의 모니터가 갑자기 까맣게 되었어요. 네트워크가 충돌해 컴퓨터가 작동을 멈춘 것이지요.

"빌, 다시 해 봐요. 우린 성공할 수 있어요."
찰리가 전화로 빌을 격려했어요.
빌은 컴퓨터를 다시 켜서 충돌을 일으킨 문제를 해결했어요.
1시간 후 두 사람은 다시 시도했어요. 10시 30분, 찰리는 빌의 컴퓨터에 글자를 모두 입력해서 로그인에 성공했어요. 두 컴퓨터를 연결하는 길이 처음으로 열린 것이지요.

빈트 서프

로버트 칸

1983년 1월 1일, 사람들은 아르파넷을 떠나서 IP 주소와 TCP가 있는 새로운 시스템, 즉 인터넷으로 건너갔어요.

TCP 전환에서 살아남았음.
1983년 1월 1일

새로운 시스템을 사용한다는 건 무척 불안하고 가슴 떨리는 일이었어요. 'TCP 전환에서 살아남았음.'이라는 문구가 적힌 스티커까지 만들어질 정도였지요.

▶ TCP와 IP 주소에 대해 더 알고 싶다면 28~29쪽을 보세요.

월드 와이드 웹

인터넷이 처음 개발되었을 당시에는 홈페이지나 앱, 재미있는 게임은 없었어요. 사람들은 그저 인터넷을 이용해 정보를 전송할 뿐이었죠. 인터넷은 아무것도 없는 아스팔트 도로와 같았어요. 그 후 팀 버너스 리가 지금은 너무나 익숙한 월드 와이드 웹, 즉 www를 만들었답니다.

인터넷 영웅, 팀 버너스 리

1980년대 말까지만 해도 인터넷에서 정보를 얻는 일이 무척 어려웠어요. 그런데 팀 버너스 리가 나타난 후, 인터넷은 누구나 이용하기 쉬운 방식으로 변하게 되었어요.

팀 버너스 리는 물리학 연구소에서 일하는 연구원이었어요. 1990년 10월, 그는 '웹'이라는 새로운 방식을 고안한 후, 그걸 작동시키려면 필요한 3가지 기능에 대한 아이디어를 적었지요.

HTML(HyperText Markup Language)
웹 페이지를 만드는 데 사용하는 언어예요. HTML 덕분에 웹 페이지가 다양한 모양으로 보여지는 거예요. 또한 링크 기능을 사용하면 관련된 다른 페이지로 쉽게 이동할 수 있어요.

URL(Uniform Resource Locator)
웹 페이지나 파일이 어디 있는지를 알려 주는 일종의 웹 주소예요.

HTTP(HyperText Transfer Protocol)
웹 페이지를 읽을 때 사용되는 프로토콜이에요. 프로토콜에 대해 더 자세하게 알고 싶으면 26쪽을 살펴보세요.

팀 버너스 리는 처음부터 **월드 와이드 웹**(www)이라는 이름을 지은 건 아니에요. 다양한 이름들을 떠올렸지요.
TIM(The Information Mine) : 정보 광산
MOI(Mine of Information) : 정보 광산
IM(Information Mesh) : 정보 그물

인터넷과 웹의 차이

'넷'은 인터넷이라는 단어의 줄임말을 뜻할 수도 있고, 그물(망)을 뜻하는 영어 단어 '웹'과 비슷한 말일 수도 있어요.

인터넷과 웹을 구별하기 위해 도시 이미지를 상상해 봐요. 인터넷은 정보가 컴퓨터 사이를 오갈 수 있게 해 주는 길이에요. 웹은 홈페이지와 여러 종류의 사이트들을 상징하는 건물로 가는 교통수단이고요.

우리가 흔히 말하는 인터넷 검색을 한다고 말할 때는, 인터넷이 웹을 뜻해요. 인터넷 검색에 대한 더 자세한 내용은 47쪽에서 살펴보세요.

월드 와이드 웹(www)의 중요한 원칙들

- 웹은 누구나 접근이 가능하며, 어떤 것이든 웹에 게시할 수 있어요.
- 모두가 웹을 사용할 수 있어요.
- 누구나 웹을 개발할 수 있어요.
- 어떤 언어를 쓰는지, 어떤 컴퓨터 혹은 시스템을 사용하는지에 상관없이 모두가 웹을 사용할 수 있어야 해요.
- 인터넷 기술 발전에 관한 논의 참여는 항상 열려 있어요. 누구든지 월드 와이드 웹 컨소시엄(W3C) 연례회의에 참여할 수 있어요.

웹 서핑을 할 때 사파리, 인터넷 익스플로러, 파이어폭스, 크롬 같은 웹 브라우저 프로그램을 사용해요. 인터넷을 사용하지 않고는 웹을 사용할 수 없어요.
그러나 웹을 사용하지 않고도 인터넷을 사용할 수 있답니다.

컴퓨터는 0과 1만 이해해

인터넷에서 메일이나 동영상, 이미지를 보낼 때
순식간에 상대방에게 전달돼요.
또한 클릭 한 번만 해도 영화가 나오지요.
어떻게 그런 일이 실현되는 걸까요?
신기하게도 이런 모든 일이 0과 1이랑 관련 있답니다.

컴퓨터는 프로그래밍 되어 있어요

우리가 스마트폰 화면을 손가락으로 터치하거나, 키보드로 입력할 때 컴퓨터 안에서는 많은 일들이 일어나요. 그러나 컴퓨터 스스로는 아무 일도 할 수 없어요. 컴퓨터는 프로그래밍 된 대로 작동하거든요.
컴퓨터가 알아들을 수 있는 명령어를 작성하는 것을 코딩이라고 해요.

0과 1

컴퓨터는 0과 1만 이해할 수 있어요. 켜고 끄는 형광등을 상상해 보세요. 컴퓨터는 0은 꺼짐으로, 1은 켜짐으로 인식해요.

비트와 바이트

0이나 1을 1비트라고 해요. 그리고 1비트가 8개 모여 8비트가 되면 1바이트라고 해요. 정보는 바이트 단위로 이동해요.

어떻게 0 다섯 개를 보내나요?

컴퓨터는 0을 꺼짐으로 이해한다고 했죠? 그렇다면 0 다섯 개를 이어서 보내려면 어떻게 해야 할까요? 계속 캄캄하니 0이 몇 개인지 알 수 없지 않을까요? 모든 비트는 이동하는 데 일정한 시간이 걸려요. 예를 들어 우리가 서로에게 빛 신호를 보낸다고 해 보세요. 빛 신호 1개당 1초라고 상대방과 미리 약속해서 결정해요. 5초 동안 어둡다면, 그건 0 다섯 개에 해당하는 거지요.
인터넷에서 정보를 보낼 때도 같은 방식으로 생각할 수 있어요. 초당 1비트 속도보다는 무척이나 빠르겠지만요.

기계어와 프로그래밍 언어

0과 1의 배열을 기계어라고 해요. 기계어는 읽고 쓰기가 정말 어려워요. 다행히도 프로그래머는 기계어 입력을 하지 않아도 돼요. 입력이 쉬운 다양한 프로그래밍 언어들이 있기 때문이지요.
프로그래밍 언어들에 대해 더 자세히 알고 싶으면 32~33쪽을 살펴보세요.

아스키코드와 유니코드

비트는 컴퓨터의 비트 해독이 어떻게 프로그래밍 되었는지에 따라서 다양한 것들을 뜻할 수 있어요. 다양한 조합들이 무엇을 뜻하는지 알려고 문자표를 만들었는데, 바로 아스키코드예요. 아스키코드는 미국에서 만든 정보교환 표준코드예요. 그런데 알파벳이 아닌 특수 문자를 쓰는 나라의 언어를 표현할 수가 없어서 그 문제를 해결하기 위해 유니코드를 새로 만들었어요.

0	0011 0000	L	0100 1100	g	0110 0111
1	0011 0001	M	0100 1101	h	0110 1000
2	0011 0010	N	0100 1110	i	0110 1001
3	0011 0011	O	0100 1111	j	0110 1010
4	0011 0100	P	0101 0000	k	0110 1011
5	0011 0101	Q	0101 0001	l	0110 1100
6	0011 0110	R	0101 0010	m	0110 1101
7	0011 0111	S	0101 0011	n	0110 1110
8	0011 1000	T	0101 0100	o	0110 1111
9	0011 1001	U	0101 0101	p	0111 0000
A	0100 0001	V	0101 0110	q	0111 0001
B	0100 0010	W	0101 0111	r	0111 0010
C	0100 0011	X	0101 1000	s	0111 0011
D	0100 0100	Y	0101 1001	t	0111 0100
E	0100 0101	Z	0101 1010	u	0111 0101
F	0100 0110	a	0110 0001	v	0111 0110
G	0100 0111	b	0110 0010	w	0111 0111
H	0100 1000	c	0110 0011	x	0111 1000
I	0100 1001	d	0110 0100	y	0111 1001
J	0100 1010	e	0110 0101	z	0111 1010
K	0100 1011	f	0110 0110		

아스키코드(ASCII)

뭘까? 뭘까?

데이터와 컴퓨터

데이터는 정보를 담고 있는 숫자라고 보면 돼요. 컴퓨터는 데이터를 저장할 수 있는 기계이고요.
컴퓨터의 원래 이름은 '데이터 머신'이었어요. 초창기에는 사람들이 컴퓨터를 계산하는 데 사용했어요. 이를테면 데이터를 입력하면 내일 날씨를 계산해 내는 식이었지요.
오늘날 우리가 컴퓨터에 입력하는 것 모두를 데이터라고 해요. 이름, 주소, 영상, 전자우편 등 숫자가 아니더라도 컴퓨터에 들어 있는 모든 것이 데이터지요. 사람들은 데이터를 인터넷에서 서로에게 보낸답니다.

어떻게 컴퓨터가 0과 1을 이해할까요?
26쪽에서 프로토콜에 대해 더 자세히 알아보세요.

데이터는 어떻게 이동하지?

0과 1은 여러 가지 방법으로
한 컴퓨터에서 다른 컴퓨터로 이동해요.

컴퓨터 안에 있는 0과 1은 전자기파예요. 금속이나 규소로 만들어진 컴퓨터 부품 내에서 0과 1은 전자기파 형태로 움직이지요.
우리가 예전에 전화선으로 인터넷을 사용했을 때, 데이터는 전기 형태로 이동했어요.

이제, 전파의 도움을 받아 산과 바다를 넘어 데이터를 보내는 일이 가능해요. 0과 1을 전파 형태로 보내는 송출용 안테나와 인공위성이 있거든요.

광케이블은 빛의 속도로 데이터를 보낼 수 있게 해 줘요. 그때 0과 1은 광파 형태로 움직이지요.

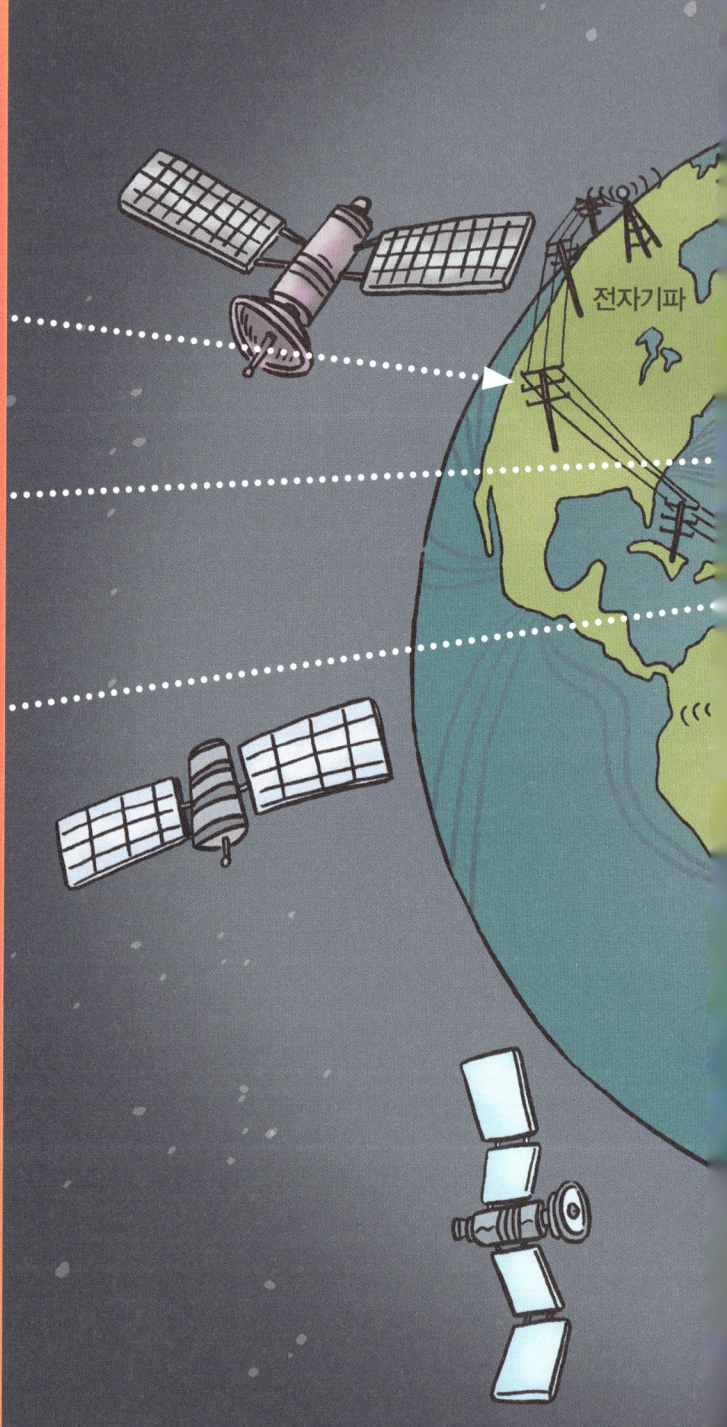

뭘까? 뭘까?

주파수

전파나 전자기파가 진동할 때, 일정 주파수 또는 파장이 생겨요. 전파가 공간을 이동할 때 1초 동안에 진동하는 횟수를 주파수라고 해요.
이 주파수를 사용해서 많은 정보를 동시에 보낼 수 있어요.

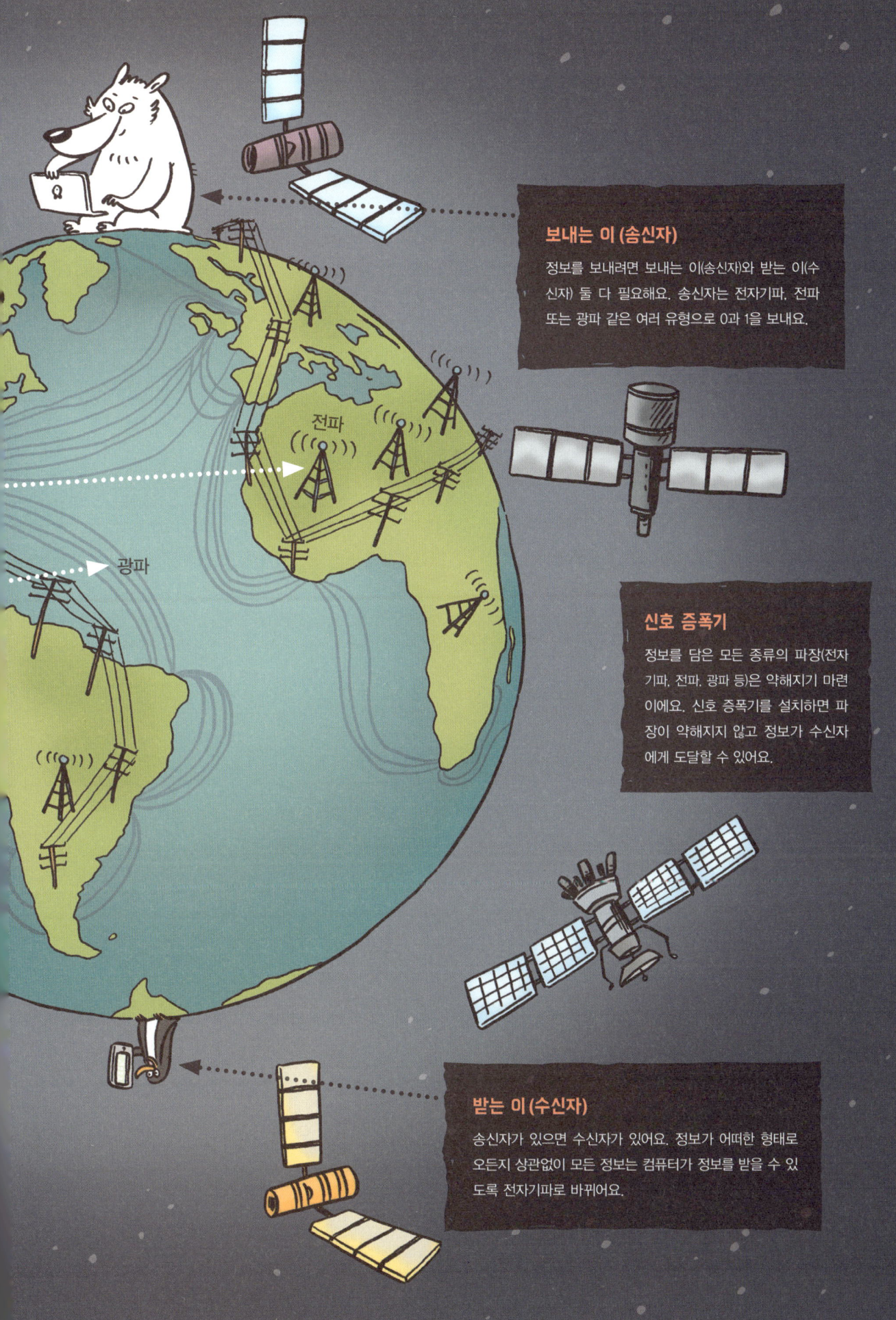

어디서든 인터넷을! 무선 신호

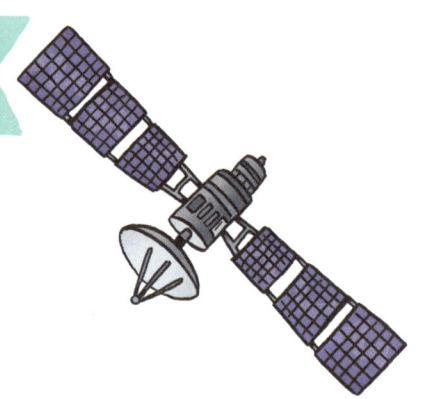

선 없이도 와이파이나 스마트폰으로 데이터를 보낼 수 있어요. 이때 사용되는 '파장'은 우리가 라디오를 듣거나 텔레비전을 볼 때 사용되었던 파장과 같아요. 이 파장을 이용해 우리는 사진과 게임 등 다양한 정보를 보내요.

어떻게 데이터가 이동하나요?

컴퓨터 안에서 비트는 전자기파 형태로 이동해요. 그러나 우리가 데이터를 무선으로 보내면 전자기파는 전파로 바뀌어 이동하지요.

우리가 무선 연결을 사용할 때 송신기는 데이터를 보내고 받을 수 있는 가장 가까운 중계국을 찾아요. 만일 움직이면서 데이터를 보낸다면 연결이 안 끊기게 하려고 중계국을 바꿔 가면서 사용하지요.

전파는 어디에나 있어요

만일 우리 눈에 전파가 보인다면, 공중 어디에든 있을 거예요. 스마트폰에서 와이파이를 켜면 무선 신호를 받을 때까지 연결될 전파들을 찾지요. 그래서 전력이 많이 들어요. 그러니 스마트폰 배터리를 절약하려면 와이파이를 끄고 다니세요.

스마트폰을 갖고 다니면 어떠한 안테나를 지나쳤는지 살펴봄으로써 함께 다니지 않았어도 여러분이 어디를 다녀왔는지 알 수 있어요.

여기저기 어디에나 안테나가 있어요.

인공위성

인공위성이 있기에 우리는 지구 어디에 있든지 인터넷에 연결될 수 있어요. 아주 특수한 인공위성을 사용해서 남극과 북극에서도 인터넷에 연결될 수 있지요.

와이파이(무선랜)

와이파이는 컴퓨터와 프린터, 게임기가 선 없이 서로 통신할 수 있게 해요.

인터넷 영웅, 헤디 라마르
헤디 라마르는 1942년에 와이파이, 블루투스 등 주요 무선통신 기술의 기본 원리를 발명해 특허를 출원했어요.

무선 기술, 어떤 점이 좋을까요?

요즘 개발되는 많은 기기(컴퓨터, 스마트폰 등)에 무선 기술이 사용되고 있어요. 무선은 장소에 제한받지 않고 어디서든 인터넷에 연결되어 편리해요.

무선 기술, 어떤 점이 안 좋을까요?

전파는 긴 거리를 갈 수 없어요. 와이파이는 광케이블보다 정보를 보내는 속도가 빠르지 못할 뿐 아니라 다른 전파의 방해 또한 받기 쉬워요. 그리고 무엇보다 전송되는 정보를 다른 사람들이 감청할 수도 있어요. 게다가 무선은 유선보다 전기 소비가 더 많아요.

와이파이와 무선 데이터, 어떤 차이가 있나요?

인터넷을 할 때 와이파이와 무선 데이터 중 어떤 걸 사용할지 선택할 수 있어요. 이때 와이파이로 인터넷을 한다면 무선 데이터 네트워크보다 속도가 더 빠른 편이에요. 와이파이가 무선 데이터 네트워크보다 성능이 더 뛰어나서, 많은 사람들이 동시에 사용하지만 않는다면 더 잘 작동하지요.

뭘까? 뭘까?

와이파이(WIFI)

무선을 뜻하는 영어 단어는 '와이어리스(wireless)'예요. 그래서 많은 사람들이 와이파이는 와이어리스와 관련 있는 단어의 줄임말이라고 생각하는데, 사실은 그렇지 않아요. 와이파이라는 말에는 아무 뜻도 없답니다.

데이터가 이동하는 길, 광케이블

유선으로 데이터를 보낼 때,
광케이블을 통해 광파로 보내요.
빛은 1초에 지구를 일곱 바퀴 반을 돌아요.
눈을 깜빡이기도 전에 메시지를
지구 반대편에 있는 사람에게
보낼 수 있는 것이지요.

땅속 광케이블

광케이블 망을 땅속에 깔려면 우선 케이블이 놓일 고랑을 파야 해요. 보통 광케이블은 땅 밑 40센티미터 정도에 설치해요. 먼저 고랑 안에 비닐 호스를 놓은 다음, 장비를 써서 광케이블을 비닐 호스 안에 집어넣어요.

땅속에 도사린 위험

지진과 각종 자연재해는 케이블을 손상시킬 수 있어요. 다행히도 인공위성이 있어 손상된 광케이블이 복구될 때까지 인터넷을 쓰는 데 어려움은 없답니다.

동유럽에 있는 작은 나라 조지아에서 75세 할머니가 삽으로 고철을 캐다가 땅속 광케이블을 끊어뜨린 적이 있어요. 그 영향으로 옆 나라 아르메니아에서는 몇 시간 동안 인터넷이 마비되었어요. 할머니는 경찰에 체포되었지만 나이가 너무 많다는 이유로 곧 풀려났어요.

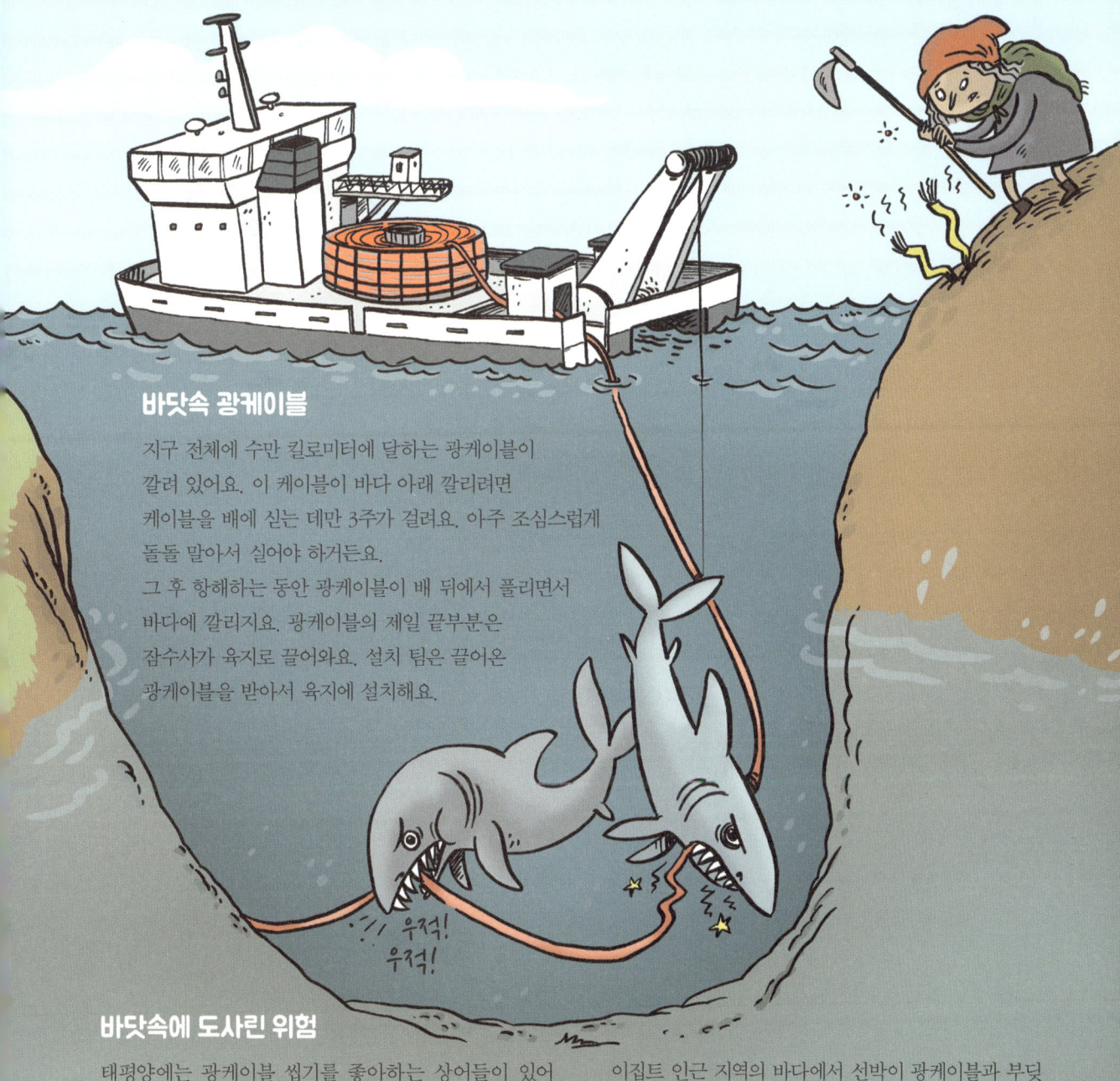

바닷속 광케이블

지구 전체에 수만 킬로미터에 달하는 광케이블이 깔려 있어요. 이 케이블이 바다 아래 깔리려면 케이블을 배에 싣는 데만 3주가 걸려요. 아주 조심스럽게 돌돌 말아서 실어야 하거든요.
그 후 항해하는 동안 광케이블이 배 뒤에서 풀리면서 바다에 깔리지요. 광케이블의 제일 끝부분은 잠수사가 육지로 끌어와요. 설치 팀은 끌어온 광케이블을 받아서 육지에 설치해요.

바닷속에 도사린 위험

태평양에는 광케이블 씹기를 좋아하는 상어들이 있어요. 그러나 광케이블을 둘러싼 껍질이 워낙 단단해서 상어들이 끊어 먹을 위험은 없어요.
사실 상어보다 더 위험한 건 대형 선박이에요. 몇 년 전 이집트 인근 지역의 바다에서 선박이 광케이블과 부딪힌 일이 있었어요. 그 일로 아프리카와 인도 상당 지역의 인터넷 연결이 잘 안 되었지요.

광섬유를 어떻게 만들지?

광섬유는 유리로 만든 가늘고 긴 실이에요. 광섬유를 여러 가닥 묶어서 케이블로 만든 것을 광케이블이라고 해요.

> 모래를 녹여 유리를 만들어요. 모래를 녹이려면 열이 많이 필요해요. 얼음은 섭씨 0도에서 녹기 시작하지만, 모래는 섭씨 1,500도에서 녹아요.

광섬유를 어떻게 만들까요?

곧게 뻗은 빨대 안으로 빛을 쏘면, 빛은 반대쪽으로 빠져나가요. 만일 빨대를 구부리면 길이 막혀 빛은 반대쪽으로 나가지 못해요. 그래서 구부러진 빨대 안에서 빛을 계속 보내려면 빛을 반사할 거울이 필요해요.

광섬유 속에는 거울이 없어요. 대신 광섬유는 두 가지 다른 종류의 유리로 만들어졌어요. 이 두 유리는 빛이 케이블 속에서 반사하며 반대쪽으로 갈 수 있게 해요.

1 광섬유 모재 만들기

먼저, 광섬유 모재(preform)라 불리는 유리관을 만들어요. 광섬유 모재는 커다란 빨대처럼 생겼어요. 이 유리관 속에 뜨거운 가스를 채워 유리 코어(안쪽 유리)를 만들어요. 코어의 유리는 빛이 빨리 앞으로 나갈 수 있도록 아주 맑아요. 그리고 코어를 둘러싼 바깥 유리는 거울처럼 기능해 빛을 반사시켜요.

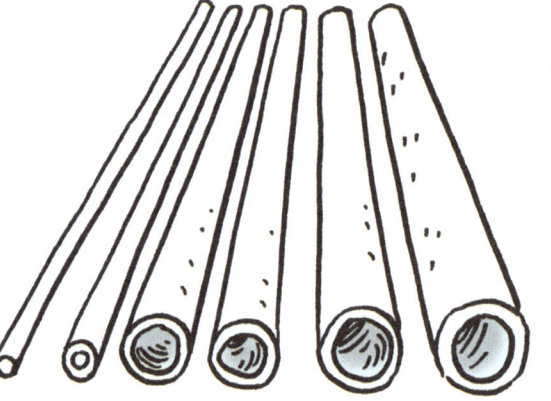

광섬유 모재는 길이가 2미터, 지름은 20센티미터예요. 중심부에 있는 코어는 지름이 5센티미터예요. 신기하게도 이 모재가 수십 킬로미터나 되는 길이로 길게 늘여져요.

> 지름이 28밀리미터(2.8cm) 되는 케이블 하나에 광섬유 1,000가닥이 들어간답니다.

2 광섬유 뽑기

30미터 높이 탑에서 광섬유 모재를 늘여 광섬유를 뽑아요. 탑 꼭대기에 광섬유 모재를 고정한 다음 섭씨 1,600도까지 가열해요.

유리는 꿀처럼 녹아서 아래로 흘러내려요. 이 유리는 가느다란 실이 되지요.

3 검사

유리 실은 흘러내리는 도중에 여러 곳을 거치며 굵기가 맞는지, 코어가 손상되지는 않았는지 검사를 받아요.

4 냉각

광섬유가 충분히 가늘어지면 열을 식혀 차갑게 해요.

5 피막 입히기

광섬유를 보호하는 피막(껍질)을 입어요.

6 완성

마지막 단계로, 광섬유는 롤에 돌돌 감겨요. 완성된 광섬유는 지름이 125마이크로미터(1마이크로미터는 1미터의 100만분의 1)예요.

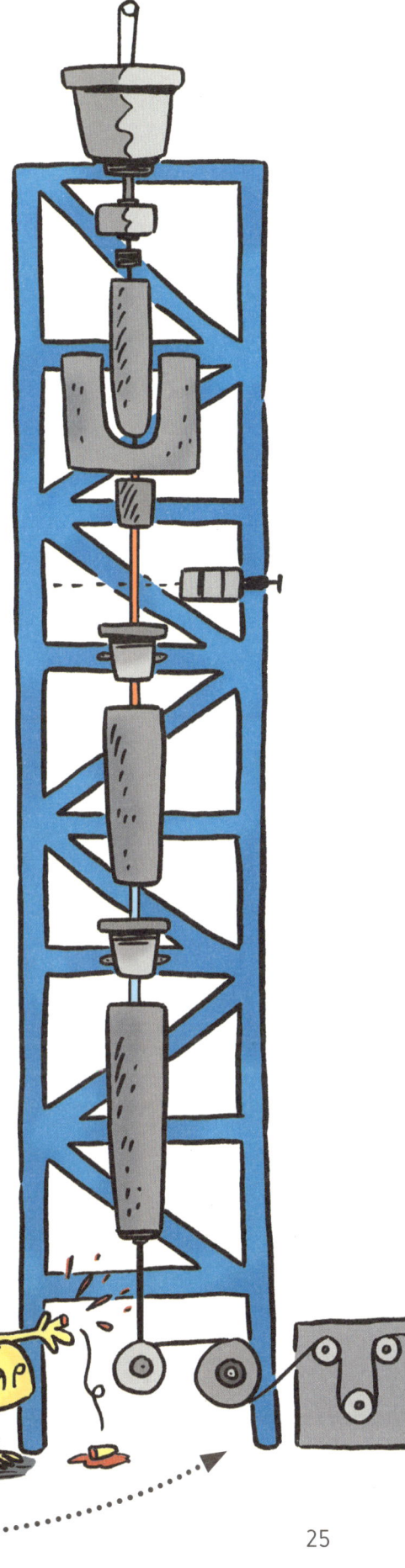

컴퓨터들의 약속, 프로토콜

컴퓨터는 어떻게 0과 1에 담긴 내용을 이해할 수 있을까요? 또한 데이터는 어떻게 올바른 목적지를 찾아 안전하게 전송되는 걸까요?
인터넷에 연결된 모든 장치들은 똑같은 규칙을 따라요. 사람들이 인터넷을 사용하기 전에 미리 규칙을 정하고 그것을 따르기로 약속했거든요.
바로 프로토콜이라는 규칙이지요.

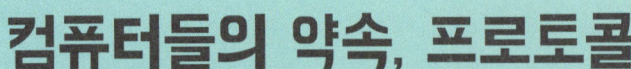

프로토콜은 무엇인가요?

맞은편 집에 친구가 살고 있다고 상상해 보세요. 여러분과 친구는 창가에서 서로 마주 보면서 손짓하다가 손전등으로 신호를 보내기로 했어요. 그러나 서로 약속을 정해 놓지 않으면, 손전등 빛만 깜빡거린다고 무슨 뜻인지 알지 못하지요.
손전등으로 서로에게 신호를 보내려면, 언제 신호를 보낼 것이며, 누가 시작할지, 그리고 주고받을 신호 형식에 대해 친구와 의논해서 미리 정해 놓아야 해요. 컴퓨터들 사이에서도 이런 소통 방식에 대한 합의가 있어야 해요. 이것을 프로토콜이라고 해요.
0과 1이 이동해서 올 때, 컴퓨터들은 그 0과 1이 무슨 뜻인지 알아야 해요.
데이터의 종류가 이미지인지 글인지, 입력된 것을 읽으려면 어떤 문자표가 필요한지 알아야 하지요. 이때 컴퓨터는 여러 가지 프로토콜을 사용함으로써 어떻게 0과 1을 읽어야 할지에 대한 정보를 얻어요.

컴퓨터는 여러 가지 프로토콜을 확인해요

에스엠티피(SMTP:간이 전자우편 전송 프로토콜)는 우리가 전자우편을 보낼 때 확인하는 프로토콜이에요. 그리고 아이맵(IMAP:인터넷 메시지 접속 프로토콜)은 도착하는 전자우편을 읽을 수 있도록 해 주는 프로토콜이고요.

뭘까? 뭘까?

에이치티티피(HTTP)

만일 웹 주소가 http://로 시작한다면, 그것은 컴퓨터가 하이퍼텍스트 전송 프로토콜을 사용해야 한다는 뜻이에요. http://www.safunkarinternet.se를 웹 브라우저에 입력하면 컴퓨터는 www.safunkarinternet.se로 가서 0과 1을 여러분이 이해할 수 있는 이미지와 글로 보여 줘요.

우리는 웹 주소 앞에 http://를 거의 입력하지 않아요. 웹 브라우저에서 http 프로토콜을 사용할 것을 알고 이미 프로그래밍 되어 있기 때문이지요.

http://에 대해 더 알고 싶으면 36쪽을 보세요.

띵동! 데이터가 배달되었어요!

인터넷에서 이미지를 보낼 때, 수백만 개의 0과 1로 쪼개어 보내져요. 전송을 더욱 간단하게 만들려고 보내는 모든 것이 더 작은 패킷으로 나뉘는 거예요. 패킷은 네트워크를 통해 전송하기 쉽도록 작게 나눈 데이터의 전송 단위를 말해요.

데이터는 작게 나뉘어 전송되지만, 받는 곳에서는 다시 원래 모양으로 재조립돼요.
나눠진 모든 데이터가 정확한 장소로 보내지도록 모든 패킷을 질서 정연하게 정리해 주는 4개의 계층이 있어요. 이 계층이 뭔지 살펴볼까요?

링크 계층

① 링크 계층

여러분이 이미지 하나를 다른 컴퓨터로 보내면 먼저 링크 계층을 지나가요. 라우터라는 곳이지요. 여러분의 컴퓨터는 라우터의 IP 주소를 누가 관리하는지 묻는 것으로 이미지 보내는 일을 시작해요.

만일 우리가 컴퓨터 장비들이 서로 이야기하는 것을 들을 수 있다면, 우리 귀는 시끄러워서 배겨 내지 못했을 거예요. 장비들은 끊임없이 서로 묻고 답하기 때문이지요. 질문에 대한 대답을 받아야 이미지는 어디로 가야 할지를 알게 돼요. 2메가바이트 크기 이미지는 1,000개가 넘는 작은 패킷으로 나뉘어 라우터로 보내져요. 패킷마다 어디로 가야 하며 어디에서 오는지가 명시되어 있어요.

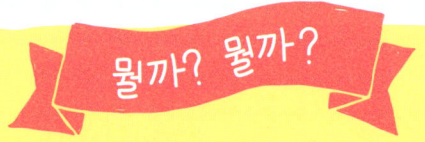

맥(MAC) 주소

네트워크를 사용하는 모든 장치는 MAC 주소가 있어요. 마치 주민등록번호처럼 장치들이 만들어질 때 받는 주소지요. MAC 주소는 6바이트(48비트)로 이루어져 있어요. 보통 아래와 같이 바이트마다 쌍점으로 구별해서 써요.

0F : 2A : B3 : 1F : B3 : 1A

스마트폰이나 컴퓨터 설정 메뉴에서 여러분의 MAC 주소를 확인할 수 있어요.

아이피(IP) 주소

인터넷에서는 MAC 주소를 사용할 수 없어요. 대신 IP 주소를 받아요. IP 주소는 대부분 아이피브이포(IPv4) 형태예요. IPv4 주소는 4바이트(32비트)로 이루어져 있으며, 아래와 같이 0에서 255까지의 숫자를 4마디로 표기하며, 마디 사이에는 점을 찍지요.

212 . 78 . 1 . 25

IP 주소는 고유할 뿐만 아니라, 여러분이 어디에 사는지도 알려 줘요. IP 주소의 바이트들은 아래와 같은 내용들을 담고 있다고 생각할 수 있어요.

대한민국 . 서울 . 세종로 . 홍길동

패킷마다 데이터와 주소표가 들어 있어요.

IP 계층 　　　　　TCP 계층 　　　　　응용 계층

2 아이피(IP) 계층

이미지 하나를 친구에게 보내려면 패킷들은 많은 라우터들을 지나가야 해요. 라우터는 서로 다른 네트워크를 중계해 주는 장치예요. 라우터는 주소표를 읽어 가장 적절한 통신망으로 전송해 주지요. 패킷들은 그렇게 여러 라우터들을 거치면서 조금씩 더 목적지에 가깝게 이동하여 마침내 정확한 목적지를 알고 있는 라우터에 가게 돼요.

3 티시피(TCP) 계층

패킷들은 여러 라우터를 거쳐 도착하면서 순서가 뒤죽박죽이 돼요.
TCP는 뒤죽박죽 상태로 들어온 패킷들을 분류하고 다시 합쳐 놓아요. 패킷이 맞춰지는 동안 TCP는 여러분 컴퓨터에 메시지를 보내어 일이 어떻게 되어 가고 있는지 알려 줘요. 만일 시간이 너무 오래 걸리면 여러분의 컴퓨터는 패킷을 다시 보내요. 왜냐하면 컴퓨터는 패킷이 도중에 사라졌다고 추정하기 때문이지요.
그 후 TCP는 이미지를 관리할 프로그램으로 가는 포트를 통해 이미지를 계속 보내요. 만일 이미지를 전자우편으로 보낸다면 25번 포트로 지정돼요.

4 응용 계층

응용 계층은 패킷들을 관리하고 올바른 프로그램에 패킷들을 전달하는 일을 해요.
25번 포트에서, 도착한 전자우편을 대상으로 프로그램이 소집돼요. 이때 전자우편 프로토콜인 SMTP가 사용돼요.
만일 패킷이 홈페이지에 대한 질문 같은 다른 유형의 패킷이었다면, 패킷들은 80번 포트로 지정되었을 거예요. 그리고 HTTP 프로토콜이 패킷들을 관리했겠지요.
이제 이미지가 친구의 컴퓨터에 도착했어요.

IP 주소 시스템이 만들어졌을 당시 사람들은 그 주소가 40억 개나 될 정도로 많아질 것이라고는 꿈도 꾸지 않았어요. 하지만 이제 IP 주소는 곧 동이 날 거예요. 오늘날 사용하고 있는 IP 주소 형태인 IPv4(32비트) 대신 새롭게 등장한 IPv6는 128비트로 이루어져 있어요. 이 시스템으로 우리는 사하라 사막의 모래 알갱이들 전부에 각각 나누어 주어도 충분할 정도의 IP 주소를 갖게 되지요.

비트와 바이트

인터넷에서 데이터를 보낼 때 데이터가 어느 정도의 양인지 알아보세요. 마우스 오른쪽 버튼을 클릭하면 데이터가 얼마나 많은 0과 1로 이루어져 있는지 계산해 주지요.

속도는 초당 메가비트(Mbit/s)로 측정되지.

용량은 메가바이트(MB)로 측정되고.

왜 데이터를 측정하나요?

데이터 측정을 도로 교통 상황에 비유해 볼게요. 고속도로에 트럭 100대가 오느냐, 아니면 승용차 100대가 오느냐에 따라 큰 차이가 있어요. 인터넷에서도 마찬가지예요. 데이터 양에 따라 도로가 아주 좁아질 수도 있거든요. 많은 사람들이 동시에 영화를 보거나 하면 인터넷이 작동 안 될 수도 있고, 또는 데이터 양이 아주 큰 파일들은 못 보낼 수도 있어요.

인터넷 서비스에 가입할 때, 인터넷을 얼마나 사용할 건가에 따라 서비스 종류를 선택할 수 있어요. 인터넷을 별로 사용하지 않는다면 사용료를 적게 내는 서비스를 선택할 수 있어요. 그러나 그럴 경우 데이터를 많이 보낼 수 없게 되지요.

킬로는 1천을 뜻하고 메가는 1백만을 뜻하고 기가는 10억을 뜻하고 테라는 1조를 뜻하지.

비트와 바이트

인터넷이 얼마나 빠른지에 대해 이야기할 때는 비트로 측정하고, 데이터가 얼마나 많은지에 대해 이야기할 때는 바이트로 측정해요.

우리는 보통 초당 15메가비트 속도로 웹 서핑을 해요. 이는 초당 1,500만 개의 0과 1이 전송되는 속도예요.

단위 환산표

8비트 = 1바이트

1000바이트 = 1킬로바이트(KB)

1000킬로바이트 = 1메가바이트(MB)

1000메가바이트 = 1기가바이트(GB)

1000기가바이트 = 1테라바이트(TB)

1000테라바이트 = 1페타바이트(PB)

1000페타바이트 = 1엑사바이트(EB)

1000엑사바이트 = 1제타바이트(ZB)

1000제타바이트 = 1요타바이트(YB)

파일 크기와 데이터 용량

데이터 파일 용량은 컴퓨터 발전 속도에 따라 점점 커지고 있어요. 기술이 발전할수록 많은 데이터를 처리하기가 더욱 쉬워지기 때문이지요.

파일은, 파일이 얼마나 많은 자리를 차지할 수 있는지에 따라서 더욱 크게 만들거나 작게 만들 수 있어요. 만일 파일을 빠른 속도로 보내려 한다면 파일을 작게 만드는 것이 좋아요. 반대로 화질이 좋은 이미지나 영상을 원한다면 용량이 클수록 좋아요.

더욱 빠르고, 더욱 작게

1965년 이래로 기술은 2년 주기로 2배씩 발전했어요. 장비는 작아지고, 데이터를 저장할 공간은 커지고, 인터넷은 빨라졌답니다.

1956년에는 5메가바이트 용량 하드디스크가 트럭으로 옮겨야 할 정도로 컸어요. 그렇지만 오늘날에는 주머니 안에 100기가바이트가 넘는 저장 공간을 넣고 다닐 수 있게 되었지요. 바로 주머니 속의 컴퓨터 스마트폰이지요.

단위에 따른 데이터 용량

1바이트 = 기호 1개(문자, 숫자, 한 칸)
10바이트 = 단어 1개
10킬로바이트(KB) = 전자우편 1통
1메가바이트(MB) = 꽤 두꺼운 책 1권

2메가바이트 = 스마트폰으로 찍은 사진 파일 1개
5메가바이트 = mp3 노래 파일 1개
7메가바이트 = 스카이프 대화 1개

코딩과 프로그램

컴퓨터와 스마트폰은 우리가 사용할 수 있도록 프로그래밍 되어 있어요.
컴퓨터가 알아들을 수 있도록 명령어를 작성하는 것을 '코딩'이라고 하고,
작성이 끝난 명령어들을 '프로그램'이라고 해요.
이러한 일은 프로그래머들이 하지요.

모든 것이 코드

컴퓨터나 스마트폰에서 우리가 보는 것은 프로그래밍 되어 있어요. 프로그래머들이 코딩해서 프로그램으로 만들어 놓았기에, 키보드를 누를 때 그에 맞게 이미지나 소리, 글이 화면으로 나타나는 거랍니다.

기계어와 프로그래밍 언어

컴퓨터는 0과 1 이렇게 두 가지만 이해해요. 컴퓨터가 읽는 언어를 기계어라고 해요. 기계어는 수백만 개의 0과 1로 이루어져 있어요. 우리는 컴퓨터를 작동시키려고 수백만 개의 0과 1을 입력할 필요가 없어요. 입력이 더욱 쉬운 프로그래밍 언어들이 있기 때문이지요. 다양한 용도에 쓰이는 천 가지도 넘는 프로그래밍 언어들이 있어요.

뭘까? 뭘까?

알고리즘과 코딩

컴퓨터를 작동시키려면, 컴퓨터에 정확한 지시를 입력해야 해요. 그러려면 컴퓨터가 알아들을 수 있는 말을 사용해서 컴퓨터가 생각하는 방식대로 입력해야 해요. 이때 컴퓨터가 알아들을 수 있는 말이 프로그래밍 언어이고, 컴퓨터가 생각하는 방식이 알고리즘이며, 이에 맞춰서 입력하는 것을 코딩(프로그래밍)이라고 해요.
이런 방식으로 입력된 지시 묶음이 프로그램이에요. 컴퓨터와 스마트폰에는 이런 프로그램이 여러 개 들어 있어요. 그래서 키보드나 손가락으로 명령을 내리면 프로그램 안에 들어 있는 지시대로 결과를 내고, 그걸 우리가 볼 수 있어요.

프로그래머는 어떤 일을 하나요?

프로그래머는 코딩으로 다양한 종류의 프로그램을 만드는 사람이에요. 어떤 프로그래머들은 기업용 컴퓨터 프로그램을 만들어 줘요. 또 어떤 프로그래머들은 기존의 프로그램을 개발하고 수정하는 일을 해요.

오늘날 아주 많은 것이 프로그래밍 되어 있어요. 비행기, 시계, 컴퓨터 게임이나 스마트 앱 등 모든 것이 프로그래밍 된 것들이지요.

프로그래머는 어떻게 언어를 선택하나요?

프로그래밍 언어들은 무엇을 프로그래밍하느냐에 따라 각기 알맞은 용도가 있어요.

만일 스마트폰에 쓸 앱을 만든다면 오브젝티브-시(Objective-C), 자바(Java) 또는 스위프트(Swift)를 사용해요.

컴퓨터에 쓸 프로그램을 만든다면 파이선(Python), 고(Go) 또는 자바(Java)를 사용하지요.

그리고 웹 사이트를 만든다면 자바스크립트(Javascript) 또는 피에이치피(PHP), 시++(C++)를 사용해요.

많이 쓰는 프로그래밍 언어

자바(Java)	파이선(Python)	피에이치피(PHP)	시++(C++)
오브젝티브-시(Objective C)	C	자바스크립트(Javascript)	
고(Go)	시샵(C#)	스위프트(Swift)	루비(Ruby)

홈페이지는 어떻게 이루어져 있나요?

http://www.safunkarinternet.se

홈페이지에서 보이는 대부분의 것은 HTML과 CSS라는 코드로 작성되어 있어요. 그 두 코드는 프로그래밍 언어가 아니에요. 글, 그림, 소리 등의 내용 정보가 아니라 어떻게 배치되고 어떤 모양과 크기로 보여지는가에 대해서만 알려 주기 때문이에요. 이러한 언어를 마크업 언어라고 해요.

HTML은 글의 위치와 클릭하는 링크가 어디에 있어야 하는지를 알려 줘요.

CSS를 사용하면 홈페이지에서 다양한 서체와 색깔이 나타나도록 할 수 있어요.

안녕하세요! 우리는 0과 1이에요. 홈페이지에 온 걸 환영해요!

CSS가 없다면 홈페이지의 디자인이 단순해져서 재미없을 거에요.

쉿! 비밀 인터넷 ❶

인터넷으로 메시지와 이미지를 보낼 때, 0과 1은 눈에만 안 보일 뿐이지 공중에 완전히 열려 있는 채로 이동해요. 이걸 보는 기술이 있는 사람은 여러분이 보내는 메시지와 이미지를 몰래 볼 수 있어요. 이런 일이 없도록 정보를 비밀로 보내려면 어떻게 해야 할까요?

내용을 숨기다, 암호화

아무도 모르게 친구에게 쪽지를 보내고 싶다면 어떻게 해야 할까요? 친구와 암호를 정한다면 다른 사람들은 내용을 보더라도 읽을 수 없을 거예요. 그것을 암호화라고 해요.

인터넷에서 암호화된 전자우편을 읽으려면 열쇠가 필요해요. 이때 필요한 열쇠는 금속으로 된 열쇠가 아니라, 어떻게 암호가 풀려야 하는지에 대한 비결이에요. 그러한 비결을 컴퓨터 용어로는 암호화 알고리즘이라고 하지요.

카이사르 암호

카이사르 암호는 시저 암호라고도 해요. 암호화하려는 내용을 알파벳별로 일정한 거리만큼 밀어서 다른 알파벳으로 치환하는 방식이지요. 예를 들어 3글자씩 밀어내는 카이사르 암호로 INTERNET을 암호화하면 LQWHUQHW가 돼요.

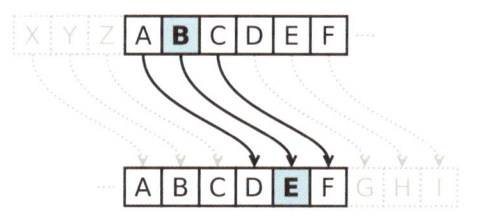

암호화 메시지를 보내 볼까요?

1이 0에게 비밀 메시지를 보내고 싶어해요.

1은 피지피(PGP) 같은 암호화 프로그램을 다운로드해서 열쇠를 받아요.

비밀 메시지는 더 이상 읽을 수 없게 암호화돼요.

암호화된 비밀 메시지를 보내요.

이름을 숨기다, 익명화

메시지를 암호화해서 읽을 수 없게 할 뿐 아니라, 종종 메시지를 보낸 이가 누구인지를 숨길 필요가 있을 때도 있어요.

어떤 일에 대해 반 친구들 몰래 선생님께 전해야 할 내용이 있다고 해 보세요. 그럴 경우에는 암호화된 내용뿐 아니라 선생님께 쓴 쪽지를 누가 썼느냐 또한 숨겨야 하지요. 이럴 때 토르(Tor) 시스템을 통해 인터넷에서 이름을 숨기고 메시지를 보낼 수 있어요.

우리가 인터넷에서 보내는 모든 데이터는 패킷으로 나뉜다는 이야기를 앞에서 했어요. 패킷에는 데이터가 어디에서 오고 어디로 가야 하는지 적힌 주소표

가 있어요. 그러나 여러분이 토르 시스템을 사용한다면 패킷을 어디에서 보냈는지 주소표가 보이지 않게 되지요.

'토르'라는 이름은 양파 라우터(TOR : The Onion Router)라는 뜻이에요. 패킷들을 토르 시스템으로 보내면, 양파가 여러 겹으로 되어 있는 것처럼 패킷들도 여러 층을 갖게 되지요.

0은 암호화된 전자우편을 받아요.

0은 암호화 프로그램을 다운로드해서 암호를 푸는 열쇠를 받아요.

0은 열쇠로 암호를 풀고, 메시지를 읽어요.

쉿! 비밀 인터넷 ❷

암호화된 연결

더욱 안전하게 인터넷 서핑을 하려면 http 말고 다른 프로토콜을 사용해 보세요. 웹 주소 앞에 http 대신 https://를 입력하면 정보가 암호화됩니다. 은행처럼 보안을 중시하는 웹 페이지들에서 이렇게 암호화된 연결을 사용해요. 이런 웹 페이지에 연결되면 웹 주소 맨 앞에 https://가 있고, 초록색 꼬마 자물쇠가 달려 있어요.

비밀 통로

인터넷에 안전한 통로를 만들 수 있어요. 사용자 외에는 아무도 그 통로로 전송되는 정보를 볼 수 없지요. 이를 브이피엔(VPN: Virtual Private Network, 가상 사설망)이라고 해요. VPN이 비밀 통로라고는 하지만, 그렇다고 해서 특수한 케이블을 사용하는 건 아니에요. VPN 역시 일종의 암호화로, 그 안에서 전송되는 모든 패킷은 받는 이만 열 수 있지요.
VPN을 사용할 때, 패킷들은 암호화된 특수한 주소표를 받아요. 그래서 보내는 과정에서 완전히 보호받지요. VPN을 사용하려면 컴퓨터에 인증서를 내려 받거나 다른 방식으로 로그인해야 해요.

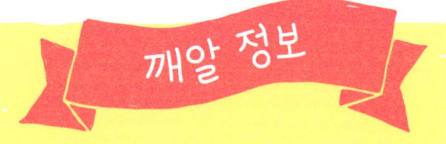

까먹지 않고 암호를 기억하는 법

두뇌는 이미지를 더 잘 기억해요. 그러니 암호를 정할 때 유명인, 동물, 장소 등 이미지로 떠올릴 수 있는 것을 선택하세요.

wjaqkrdlrhdiddl
(영문 키보드로 한글 입력 – 점박이고양이)

이렇게 암호를 정했다면, 이제 그 암호를 어떤 홈페이지에 사용하는지를 표시하는 말을 덧붙이세요.

wjaqkrdlrhdiddlinstagram
(점박이고양이 인스타그램)

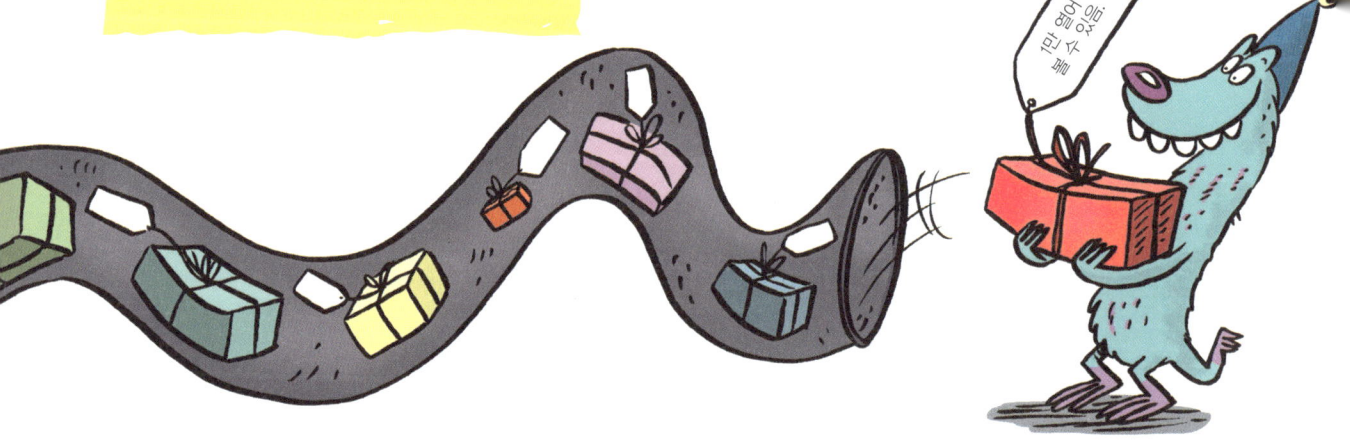

0의 암호는 해킹하는 데 52초 걸려요.
1의 암호는 해킹하는 데 컴퓨터 한 대당 6천만 년이 걸려요.

암호(패스워드) 해킹

많은 사람들이 같은 암호를 여러 군데에서 사용해요. 여러 곳에 같은 암호를 쓰면 안전하지 못해요. 만일 여러분의 암호가 한 곳에서 해킹되면 똑같은 암호를 사용하는 다른 계정들도 해킹될 위험이 크기 때문이에요.
암호를 알아내는 프로그램들이 있어요. 그러한 프로그램들은 이미 알아낸 암호들의 단어 목록과 숫자 조합의 데이터베이스를 가지고 계산하지요.
컴퓨터는 엄청난 속도로 자료를 계산하고 시험할 수 있어요. 만일 사람이 암호 하나를 알아내려고 철자 조합을 전부 시험한다면, '안녕'같이 아주 간단한 암호라 하더라도 매우 긴 시간이 걸려요. 그러나 컴퓨터는 1초도 안 되는 시간에 암호를 풀 수 있지요. 암호가 짧으면 짧을수록 더 빨리 풀 수 있어요.

깨알 정보

이렇게 암호를 만드세요!

1. 짧은 암호보다는 긴 암호를 사용하세요.

2. 같은 암호를 여러 곳에서 사용하지 마세요. 계정마다 다른 암호를 사용하는 게 안전해요.

3. 이메일 암호는 꼭 가장 어렵고 안전한 암호를 만들어 사용하세요. 암호 재설정을 요청하면 새로운 암호를 받는 곳이 이메일이니까 이메일은 가장 중요한 보호 대상이랍니다.

4. 암호를 다른 사람과 절대로 공유하지 마세요.

5. 해킹을 당했다면 바로 암호를 바꾸세요. 그리고 해킹당한 암호는 절대 다시 사용하지 마세요.

딥웹과 다크넷

인터넷에는 웹 페이지처럼 접근하기 쉬운 곳도 있지만, 우리 눈에 보이지 않는 곳에 숨어 있는 것들도 있어요.

딥웹

인터넷은 도로, 웹은 우리를 건물로 데려다 주는 자동차라고 해 봐요. 자동차로는 갈 수 없는 건물들이 있을 수 있겠죠. 인터넷도 마찬가지에요.

은행 계좌, 비공개 블로그, 학교 과제 또는 업무용 플랫폼같이 로그인을 해야 하는 모든 홈페이지들이 그런 감춰진 건물들이라 할 수 있어요.

사실, 우리가 검색으로 들어갈 수 있는 홈페이지들보다 우리가 들어가지 못하는 숨겨진 홈페이지들이 더 많답니다. 그러한 것들을 딥웹(Deep Web)이라 불러요.

다크넷

다크넷(Darknet)은 딥웹의 한 종류로, 인터넷에서 검색되지 않아요. 또한 특수한 프로그램을 사용하기 때문에 익명성이 보장되지요. 그러다 보니 범죄에 이용되기도 하고, 위험한 내용들도 많지요.

그러나 다크넷이 나쁜 면만 있는 것은 아니에요. 내부 고발자나, 자기 나라 정치인들과는 생각이 다르다고 수감이나 살해를 당할 위험이 있는 반체제인사, 반정부인사 같은 사람들에게는 다크넷이 눈에 띄지 않은 채로 도움을 찾을 방법일 수 있거든요.

바이러스와 해커

인터넷에도 사람들을 괴롭히는 강도, 도둑, 사기꾼 들이 있어요.
이들은 인터넷에서 말썽을 일으키고, 종종 심각한 사건을 만들기도 하지요.
인터넷을 안전하게 사용하고 스스로를 보호하려면 어떻게 해야 할까요?

해커

해킹이라는 말은, 허가받지 않은 사람이 다른 사람들의 컴퓨터에 침입해 자료를 열람하거나 변조, 삭제하는 행위를 말해요. 다른 사람들의 컴퓨터와 데이터 시스템에 들어가려면 어떻게 시스템이 작동하는지에 대해 잘 알아야 해요.

'어나니머스'는 익명을 뜻하는 영어 단어예요.

뭘까? 뭘까?

해커의 유래

매사추세츠공과대학교(MIT)에는 대대로 전해 내려오는 재미있는 전통이 있어요. 그 전통이란, 온갖 기술을 동원해 장난스러운 깜짝쇼를 벌이는 것이었어요. 교내 돔형 지붕을 영화 「스타워즈」에 나오는 로봇 R2D2로 변신시키기도 했어요. 학생들은 이를 '핵(hack)'이라고 불렀는데, 이게 컴퓨터 프로그래밍 분야로 좁혀지게 된 것이지요.
이 학교 동아리 중 하나인 '테크모델 철도클럽' 학생들이 대학교 소유의 컴퓨터에 몰래 접근해 각종 프로그램을 실행 및 수정하며 연구에 몰두했어요. 이 행위가 '핵'으로 여겨졌고, 이 행위를 하는 사람을 '해커'라고 부르게 된 것이 해커의 유래랍니다.

해커 그룹, 어나니머스

세계에서 가장 유명한 해커 그룹은 스스로를 '어나니머스(anonymous)'라고 불러요. 그러나 아무도 그들이 누구인지 모른답니다.
이 해커 그룹은 2003년에 처음 생겨났어요. 공식적인 조직은 없고, 자신들을 어나니머스라고 부르는 소규모 그룹이 전 세계 곳곳에 퍼져 있는 국제 네트워크이지요. 이들은 공동으로 뭉쳐서 정치·사회적 목적을 위해 해킹해요. 이를 테면 여러 홈페이지들을 이른바 디도스(DDos) 공격이라고 하는, 많은 사람들이 메시지를 동시에 보내는 방법으로 망가뜨리기도 했어요.
이들은 자신들이 누구인지 드러내지 않으려고 가면을 써요. 이 가면은 영화 「브이 포 벤데타」에서 비롯되었는데, 16세기 잉글랜드에서 화약 음모 사건을 일으킨 가이 포크스를 형상화한 것이랍니다.

악성코드

악성코드는 컴퓨터 안에 있는 파일을 망가뜨릴 뿐만 아니라, 침투한 컴퓨터를 몰래 감시하며 컴퓨터에서 정보를 유출할 위험도 있어요.

다행히 악성코드의 위험을 발견하고 이를 차단하는 코드가 있어요. 컴퓨터를 악성코드로부터 보호하려면, 컴퓨터 프로그램 업데이트 메시지가 도착하면 프로그램을 업데이트하는 것이 중요해요. 업데이트란, 기존 정보를 최신 정보로 바꾸는 것을 말해요.

웜

웜은 컴퓨터에 숨어 있는 기생충이에요. 스스로 증식해서 컴퓨터 시스템에 자리 잡고는 속도를 느리게 만들기도 하지요. 만일 기업 컴퓨터 시스템에 웜이 감염된다면 아주 큰 문제를 일으킬 수 있어요.

세계에서 가장 유명한 웜은 '러브레터 바이러스'예요. 파일이 첨부된 전자우편으로 전파되지요. 웜이 첨부된 전자우편을 받은 사람이 자신이 연애편지를 받은 줄 알고 첨부 파일을 클릭하면, 웜이 컴퓨터에 설치돼요. 이후 컴퓨터 주소록에 있는 모든 전자우편 주소로 웜이 첨부된 전자우편을 보내요. 그렇게 웜은 새로운 연락처들로 계속 보내지며 감염을 일으킨답니다.

컴퓨터 바이러스

우리 몸에 침투해서 병을 일으키는 생물학 바이러스처럼 컴퓨터 바이러스도 컴퓨터에 침투해서 고장을 일으켜요.

컴퓨터 바이러스는 다른 프로그램들 안에 자리 잡고는 많은 문제를 일으켜요. 최악의 경우 컴퓨터에 저장된 파일에 손상을 입히고, 프로그램들을 망가뜨린답니다.

트로이 목마

트로이 목마는 컴퓨터 사용자의 정보를 빼 가는 악성코드예요.

'트로이 목마'라는 이름은 그리스 병사들이 숨어 있었던 커다란 목마 이야기에서 비롯되었어요. 그리스는 트로이를 둘러싸고 10여 년간 전쟁을 벌였으나 성을 함락시키지 못하자, 커다란 목마를 만들어 30여 명의 군인을 그 안에 매복시켰어요. 그리고 이 목마를 버리고 거짓으로 물러났어요. 트로이 사람들은 목마를 승리의 상징으로 여기고 기뻐하며 성 안으로 들여놓았지요. 그날 밤 목마에서 군인들이 나와 트로이를 점령했어요.

악성코드 트로이 목마도 이처럼 여러분이 다운로드한 파일에 몰래 숨어서 컴퓨터에 침투해요. 공짜로 게임을 받게 된다면 좋아서 무조건 클릭할 것 같지 않나요? 짜잔! 이로써 여러분의 암호와 다른 비밀사항들을 유출하는 트로이 목마에 감염되었습니다.

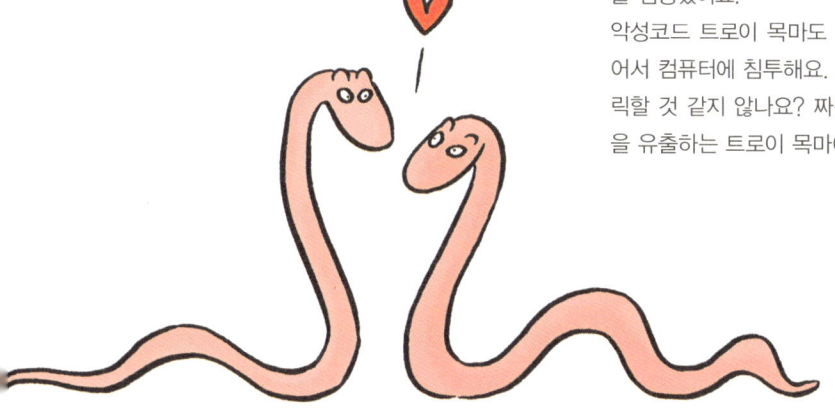

> 악성코드에서 컴퓨터를 지키는 방법을 알고 싶다면 56~57쪽을 살펴보세요.

조심해! 사이버 폭력

학교에서 말썽을 일으키는 나쁜 친구들이 있는 것처럼, 인터넷에도 나쁜 짓을 하는 사람들이 있어요. 어떻게 그들을 알아보고 위험에 대처할 수 있을까요?

혐오 발언

인터넷상에서는 상대방의 얼굴이 보이지 않는다고 욕설이나 심한 말을 함부로 하는 사람들이 있어요. 특히 장애인, 여성, 노인, 외국인 등 사회 약자를 향한 혐오 발언이 날로 증가하여 사회적 문제까지 되고 있어요.

인터넷상의 혐오 발언은 다른 사람들에게까지 악영향을 끼쳐요. 몇몇 사람들은 이에 동조하며 더욱 심한 혐오 발언을 인터넷상에서 내뱉지요. 여러분은 인터넷 예절을 지키며, 혐오 발언을 자제하는 노력을 기울이도록 해요.

인터넷상에서 사이버 폭력을 쓰는 사람들을 '트롤'이라 불러요. 트롤은 인터넷 사용자들을 최대한 많이 괴롭히려 해요. 이 말의 어원이 궁금하다면 19쪽을 보세요.

뭘까? 뭘까?

인터넷 피싱

'인터넷 피싱' 사기범들은 전자우편 또는 메신저를 사용해서 신뢰할 수 있는 사람 또는 기업이 보낸 메시지인 것처럼 가장해서 비밀번호나 신용카드 정보를 빼 가요. 인터넷에서 여러분에게 이런저런 것을 묻거나 비밀사항을 알려 달라고 부탁하는 사람을 각별히 조심해야 해요. 인터넷 피싱 사기범들은 수천 명에게 같은 질문을 보내어 정보를 빼 가려 하거든요.

계정 해킹

친구들끼리 서로의 계정에서 이미지를 올리거나 웃긴 메시지를 쓰는 장난을 하기도 해요. 이는 장난이라고 가볍게 넘길 일이 아니에요. 다른 사람의 계정을 사용해서 사용자 행세를 하는 건 개인 정보 유출이라는 불법을 저지르는 것이기 때문이에요.

그러니 여러분의 계정, 사용자 이름과 암호는 여러분 것이기에 절대로 다른 사람에게 빌려주어서는 안 된다는 걸 꼭 명심하세요.

그루밍

나쁜 방법으로 어린이들과 연락하려는 어른들이 있어요. 사진을 달라고 하거나, 사적인 일들에 대해 이야기하려 하거나, 심지어는 만나려고 하기도 해요.
이런 속임수를 쓰는 사람들은 어른이면서 어린이 행세를 하기도 하고, 종종 자기들은 뭔가를 도와줄 수 있거나 멋진 것을 주려는 어른이라고 말하며 접근하지요.
이렇게 어른이 어린이와 연락해서 어린이가 원하지 않는 것을 하게 하려 할 때, 그러한 일을 그루밍(Grooming)이라고 해요. 이런 사기꾼들은 처음에는 아주 친절해요. 그러다가 갑자기 돌변하여 위협하지요.

이런 일을 당하면, 부모님이나 선생님같이 여러분이 신뢰하는 어른에게 꼭 이야기하세요.

인터넷 공간에 위험한 사람들이 많다는 것을 꼭 기억하세요!

인터넷 따돌림

인터넷 따돌림이란, 인터넷에서 퍼지는 기분 나쁜 이미지, 영상이나 글 같은 여러 가지 것들을 뜻해요. 그 밖에 소셜 미디어에서 아무도 친구가 되려 하지 않는 것도 인터넷 따돌림이에요.
이러한 따돌림의 가장 일반적인 형태는, 인터넷상에서 다른 사람을 흉한 물건에 빗대어 부르거나 다른 사람에게 상처 주는 말을 하는 거예요. 이러한 말들은 인터넷에서 순식간에 널리 퍼질 수 있어요. 또한 이미 퍼진 글, 이미지, 영상 등은 완전히 없애기가 어려워요. 이런 글이나 이미지를 처음 올린 사람이 마음을 고쳐먹고는 자기가 올렸던 글이나 이미지를 삭제하더라도, 복사본까지 없앨 수는 없기 때문이에요.
인터넷의 장점은 있었던 일을 증명할 수 있다는 거예요. 여러분이 만일 인터넷 따돌림을 당했다면 스마트폰이나 컴퓨터로 화면 캡처(스크린샷)를 해서 어른에게 보여 줄 수 있어요.
인터넷에서도, 학교에서도 다른 사람들을 따돌리고 모욕하는 일은 금지되어 있어요. 그러니 내가, 또는 다른 사람이 이러한 일을 당한다면 도움을 받을 수 있는 어른과 상의하세요.
인터넷에서 상처받거나 위협당한 일을 이야기하기란 힘들 수 있어요. 이런 사실을 부모님이 알게 된다면 인터넷을 더 이상 사용할 수 없게 될 것이라며 두려워하는 어린이들도 있어요. 또는 이야기하는 걸 수치스러워할 어린이들도 있겠지요.
그러나 기억하세요! 만일 인터넷에서 다른 사람들이 여러분에게 나쁜 짓을 한다면 그것은 절대로 여러분 잘못이 아니라는 사실을요. 그러니 용기 내어 도움을 줄 어른과 상의하세요.

인터넷 세상에도 대통령이 있을까?

인터넷 세상을 다스리는 정부나, 총리, 대통령은 없어요. 어떻게 인터넷이 운영되어야 하는지를 결정하는 권리를 가진 사람도 없고요. 그 어떤 나라도 다른 나라보다 인터넷에 대해서 더 많이 관여해서도 안 돼요. 인터넷은 우리 모두의 공동 네트워크이니까요.
그러기 때문에 인터넷을 사용하는 사람 모두가 참여하고 영향을 미칠 수 있어요.

전문가들이 운영해요

인터넷은 다자간협의모델이라는 방식으로 운영돼요. 인터넷을 사용하는 전문가들과 여러 사안의 전문가들이 어떻게 인터넷 기술이 작동해야 하는지를 함께 관장하는 방식이지요.

인터넷을 학교에 비유한다면, 학생, 교사, 시설 관리 담당자, 급식 및 위생 담당자, 학부모와 정치인들이 운영에 참여하는 전문가라 할 수 있어요.

인터넷 작동의 3가지 주요 기능

인터넷이 작동하려면 IP 주소와 도메인 네임이 있어야 하며, 트래픽(통신의 흐름)이 작동해야 해요.

❶ IP 주소

국내에서는 '인터넷 주소 자원에 관한 법률'에 따라 한국인터넷진흥원(KISA)이 아시아·태평양 지역의 대륙별 관리기관인 APNIC으로부터 IP 주소를 확보하여 국내 IP 주소 관리 대행자(인터넷 접속 서비스 제공자) 또는 독자적인 네트워크를 운영하는 일반 기관에게 할당하고 있어요.

❷ 도메인 네임

도메인 네임은 도메인 네임이 기술하는 여러 나라들이 관리하거나, 미국에 본부가 있는 세계 기구인 국제인터넷주소관리기구(ICANN)에서 관리해요. '.kr'은 대한민국의 국가 코드 최상위 도메인으로 한국인터넷진흥원(KISA)에서 관리해요. 이 기구들은 도메인 네임을 사거나 팔 때 적용되는 규정과 가격을 결정해요.

❸ 트래픽 교환

트래픽 교환은 망 운영자들이 직접 관리해요. 망 운영자들은 다양한 네트워크들이 어떻게 사용되어야 하는지 합의하는 일을 해요.

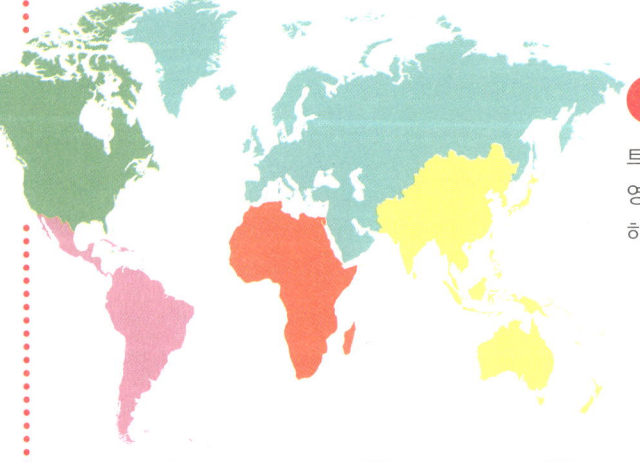

■ 아프리카 지역　■ 아시아·태평양 지역　■ 앵글로아메리카 지역　■ 라틴아메리카 지역　■ 유럽과 서아시아 지역

인터넷 열쇠

도메인 네임 시스템(DNS)은 인터넷의 커다란 주소록이라고 할 수 있어요. 그 안에서 컴퓨터는 바른 IP 주소를 찾아요.

만일 도로 주소가 바뀌면 교통이 엉망이 될 거예요. 그래서 도메인 네임 시스템이 바뀌는 일이 없게 하려고 도메인 네임 시스템 보안성 확장(DNSSEC)이라고 하는 시스템이 도입되었어요.

일 년에 네 차례, 인터넷의 도메인 네임 시스템을 보호하는 새로운 암호 열쇠들이 만들어져요. 국제인터넷주소관리기구에서 이와 관련한 보안을 책임져요. 이때, 보안 과정에서 아무 문제가 없다는 점을 모두가 믿을 수 있도록 여러 나라에서 뽑힌 사람들이 참여해요.

새로운 암호 열쇠를 만들려면 데이터 센터 내부에 있는 컴퓨터실의 금고 안 상자에 보관된 카드가 필요해요. 그런데 카드 상자를 열려면 암호 열쇠 제작에 참여한 사람들이 가진 각각의 고유 열쇠가 필요하답니다.

스톡홀름에 사는 안 마리 에클룬드 뢰빈데르에게는 열쇠가 있어요. 안 마리는 미국에 가서 도메인 네임 시스템을 안전하게 유지하기 위하여 새로운 암호 열쇠를 만드는 일을 도와요.

인터넷상에도 법이 있어요

서버, 케이블, 라우터는 당연히 한 나라 안에 있어요. 그리고 각 나라는 인터넷을 사용할 때 사람들이 어떤 규정을 따라야 하는지 법으로 정해요.

국제연합도 함께해요

국제연합 안에 있는 국제전기통신연합(ITU)이 전 세계 통신 문제를 관리해요. 국제전기통신연합은 해마다 인터넷 거버넌스 포럼(IGF)이라는 회의를 열어 인터넷에 관한 문제들을 논의해요. 회의 참여는 누구에게나 열려 있어요.

뭘까? 뭘까?

도메인 네임 시스템(DNS)

인터넷을 사용할 때 IP 주소 대신 도메인 네임을 입력해요. 도메인 네임 시스템은 전 세계 모든 도메인 네임이 등록된 데이터베이스예요. 컴퓨터는 도메인 네임 시스템에서 IP 주소를 찾아요. 도메인 네임은 예를 들면 .com이나 .org 또는 대한민국 전용 도메인 네임 .kr 등으로 끝날 수 있어요.

똑똑한 인터넷 검색법

웹에서는 누구든 글을 쓸 수 있고 이미지와 영상을 올릴 수 있어요. 그러다 보니 정보의 정확성이 검증이 안 되어 사실이 아닌 경우도 있어요. 그래서 정보 출처를 따져 가며 검색하는 태도를 지녀야 한답니다.

똑똑한 검색은 어떻게 하는 건가요?

우리는 정보를 구할 때 정보 출처에서 필요한 내용을 얻어요. 출처는 사람일 수도 있고, 책일 수도 있고, 인터넷에서 보는 영상이나 글일 수도 있어요. 정보 출처를 따져 가며 검색하는 건 정보를 제공하는 사람을 신뢰할 수 있는지 궁금해하는 일을 뜻해요. 인터넷을 검색하면 사실인 것과 사실이 아닌 것 모두 나타날 수 있어요. 가끔 홈페이지가 가짜라는 사실을 쉽게 알아채기도 하지만, 늘 그렇지는 않아요. 속이려는 사람들은 다양한 꼼수를 써서 속이려고 하거든요.

인터넷 광고

기업은 인터넷을 통해 광고하기를 좋아해요. 유명한 유튜브 스타들과 블로거들에게 그 사람들이 회사 상품에 대해 홍보하도록 후원하기도 하지요.

기업은 여러분이 어떤 웹 페이지에 들어가고, 어떤 검색어를 찾는지 알아보려고 돈을 쓰기도 해요. 그리고 그렇게 알아낸 사실을 바탕으로 광고를 해요. 이를 테면 운동화를 사려고 검색하면 여러 종류의 신발 광고 링크들이 나타나지요.

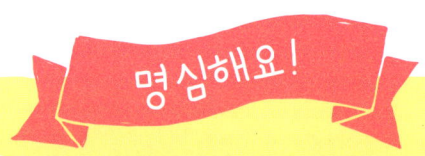

검색할 때 체크할 사항들

- 누가 : 웹 페이지를 만든 곳 또는 사람은 누구인가요? 개인인가요, 회사인가요, 학교인가요?

- 왜 : 웹 페이지를 만든 목적은 무엇인가요? 물건을 팔려 하나요? 아니면 무엇인가를 이야기하려 하나요?

- 어떻게 : 웹 페이지는 어떻게 생겼나요? 정보는 얼마나 오래되었나요? 웹 페이지의 책임자와 연락할 수 있나요?

쿠키

쿠키는 웹 브라우저에 놓이는 작은 정보예요. 이 쿠키의 도움을 받아 웹 사이트는 여러분이 어떤 사람인지, 얼마나 오랫동안 웹 페이지에 머무르는지, 어느 검색 링크를 연결했는지 확인할 수 있어요.

인터넷 검색

구글이 세계에서 가장 큰 검색 엔진이지만, 그 밖에도 많은 검색 엔진들이 있어요. 구글 다음으로 많이 쓰는 검색 엔진은 미국의 빙(Bing)과 야후(Yahoo), 중국의 바이두(Baidu)예요. 한국에서는 네이버(Naver), 다음(Daum) 등을 많이 이용하지요. 만일 검색 정보가 드러나지 않게 하고 싶다면 검색자 관련 정보를 저장하지 않는 덕덕고(DuckDuckGo)를 사용할 수 있어요.

웹에서 무엇인가를 찾으려 할 때 검색 결과는 여러분이 누구인지에 따라 다르게 제시돼요. 대개 목록으로 보여지는 초기 검색 결과는 광고예요.

광고비를 받고 검색에서 목록에 높게 뜨도록 도와주는 회사도 있어요. 목록에 다른 수백 개 링크가 있더라도, 사람들은 보통 눈에 보이는 초기 검색 결과 링크들만 찾아서 보는 경우가 대부분이지요.

인터넷 정보 제공자가 인터넷 이용자에게 맞춤형 정보를 제공하여 이용자가 필터링된 정보만 접하게 되는 현상을 가리켜 '필터 버블(filter bubble)에 빠진다'라고 해요. 정보의 홍수 속에서 이는 간편하고 좋은 방법 같아 보이지만, 자칫 고정관념과 편견을 키우는 부작용이 생길 수 있음을 잊지 말아야 해요.

단계별 검색 과정

1. 검색어를 입력하면 입력한 검색어는 검색 엔진 회사로 들어가요. 회사는 등록된 웹 페이지 전체에 해당 검색어를 확인하도록 요청해요.

2. 웹 크롤러라고 하는 프로그램이 작동해요. 웹 크롤러는 모든 수천 만 단어 사이에서 검색어를 찾아내는 특수 프로그램이에요.

3. 검색어들이 발견되어 회사로 되돌려 보내져요. 회사는 특별한 순서로 여러분에게 검색 결과를 제시해요.

인터넷 용어가 궁금해

인터넷은 사용된 지 그리 오래되지 않았어요.
그래서 인터넷과 관련된 새로운 용어가 계속 생겨나고 있어요.
그중 바다와 관련된 용어가 많아요.

웹 서핑

웹 서핑이라는 말은 1992년 미국 뉴욕의 도서관 사서 진 아머 폴리가 처음 사용했어요. 진은 인터넷 정보 검색법에 대한 글을 한 편 쓰고는 어떤 제목을 붙일지 고민했어요.

그 당시에는 인터넷 환경이 지금처럼 발달하지 않아서 인터넷으로 정보를 검색하는 일이 무척 어려웠어요. 구글 같은 검색 사이트도 없었던 때여서 인터넷에서 정보를 잘 찾아내는 사람이 되려면 참을성과 훈련이 필요했어요.

진은 제목을 고민하면서 어렵고, 멋지고, 훈련과 참을성이 많이 필요한 일이 무엇일까 생각해 보았어요. 마침 진의 방에는 서핑 선수 모습이 담긴 액자가 있었어요. 진은 그 액자를 보고는 서핑이야말로 바로 그러한 일이라고 생각하고 '웹 서핑'이라는 제목을 붙였지요. 이 용어는 인터넷 사용을 이야기할 때 흔히 쓰는 말이 되었어요.

인터넷 항해

항해라는 말은 키를 잡고 배를 조종하는 일을 뜻해요. 오늘날 이 말은 역시 우리가 인터넷을 다루는 방법을 가리키기도 하지요.

인터넷은 끝이 없는 바다와 같아요. 인터넷과 바다 모두 우리를 새로운 곳으로 데려가서 새로운 방식으로 세상을 보게 해 줘요. 하지만 어디에든 위험이 도사리고 있어요. 인터넷이라는 바다에 좌초되지 않으려면 어떻게 해야 할까요?

해적

인터넷에서 해적은 허락 없이 다른 사람들의 음악, 영화나 이미지들을 공유하는 사람을 가리켜요. 영화나 음악을 만든 사람들은 인터넷 해적들이 도둑질을 한다고 생각해요. 지적 재산에 대한 비용을 지불하지 않고 무단으로 사용하기 때문이지요. 반대로 인터넷 해적들은 인터넷에 있는 정보는 개인 소유가 되어서는 안 된다고 생각해요.

트롤

인터넷에서 트롤은 사이버 폭력을 쓰는 못된 사람을 말해요. 영어 단어 '트롤링(trolling)'은 미끼를 많이 던져 물고기가 되도록 많이 걸려들게 하는 낚시 방법이에요. 이와 같은 방법으로 트롤들은 인터넷에서 댓글에 걸려드는 사람이 생기도록 댓글을 많이 남겨요.

바다에서 비롯된 인터넷 용어들

• 스트리밍

인터넷이나 유튜브 등에서 영상 또는 영화를 보는 방식을 스트리밍이라 해요. 다운로드를 해서 파일이 컴퓨터에 남아 있는 것과는 다르지요. 스트리밍을 할 때 정보는 물길처럼 흘러요.

• 피싱

금융기관 등의 웹 사이트나 거기서 보내온 메일로 위장하여 개인 정보를 빼내는 사기 수법을 말해요.

• 인터넷 메기

다른 사람 행세를 하는 사람을 뜻해요. 예를 들면 다른 사람의 사진을 가져와 자기 사진인 양 인터넷에 올리는 수법으로요.

• 블로그

블로그라는 말은, 선장이 항해 도중 일어난 일을 기록하려고 쓰는 항해일지에서 비롯되었어요. 사람들은 생활 속에서 일어나는 다양한 일을 블로그에 사진과 글로 기록해요.

• 바다사자

바다사자는 인터넷 포럼에서 다른 사람들이 말할 때 끼어들어서 망쳐 놓는 사람을 말해요.

스마트한 사물 인터넷

인터넷에 연결된 사물들이 더욱더 많아지고 있어요. 그러한 사물들을 '스마트하다'고 하는데, 다른 사물들과 통신할 수 있기 때문이에요. 사물 인터넷은 전깃줄이나 전력선으로 연결되거나, 위성, 모바일 네트워크, 와이파이나 블루투스를 통해 무선으로 연결될 수도 있어요. 이렇듯 인공 지능, 사물 인터넷, 빅데이터 등 첨단 정보통신기술로 인해 혁신적인 변화가 일어나는 차세대 산업혁명을 제4차 산업혁명이라고 해요.

시계와 팔찌
시계와 팔찌는 여러분의 상태가 어떤지, 어떻게 움직이는지를 확인해요. 어떤 팔찌는 메시지를 보낼 수 있고, 시계는 스마트폰 만큼이나 많은 기능이 있어요.

프라이팬
프라이팬은 음식이 다 익은 때를 감지해서 블루투스를 통해 스마트폰으로 메시지를 보내요.

냉장고가 전자우편을 보낼 수 있을까요?

몇 년 전 10만 통가량의 스팸메일이 여러 사람에게 발송된 적이 있었어요. 보낸 이를 추적하니 냉장고와 커피메이커가 해킹을 당해 이런 일이 생긴 것으로 밝혀졌지요. 사물 인터넷은 아직 외부 침입에 보호가 잘 안 되어 해킹을 쉽게 당할 수 있어요.

양말
움직임을 멈추었는지 감지해서 잠이 들면 텔레비전을 꺼요.

축구공
공을 어떻게 차는지, 공이 어떤 속도로 날아가는지를 감지해요. 그리고 센서가 기록한 정보를 블루투스를 통해 스마트폰으로 보내요. 그런 방식으로 얼마나 강하게 슛을 하는지 확인할 수 있어요.

칫솔

인터넷에 연결된 칫솔로 어느 부분이 양치가 잘 안 되는지 확인할 수 있어요.

조명 장치

한 시간에 한 번씩 조명 색깔을 바꾸거나, 걸음을 감지해 저절로 켜지도록 프로그래밍할 수 있어요. 그 밖에도 다양한 방법으로 조명 장치를 프로그래밍할 수 있어요. 스마트폰에 메시지가 도착하면 조명 장치가 깜박거린다거나, 잘 시간이 되면 알아서 꺼진다거나, 바깥 날씨를 알려 줄 수도 있어요.

안경

인터넷에 연결된 안경은 안경알을 모니터로 삼는 노트북 컴퓨터와 같아요. 의사에게 인터넷과 연결된 안경을 쓰게 해서 수술할 때 도움이 되도록 하는 실험이 행해지고 있어요.

인형

버튼을 누르면 인형이 "안녕!" 하고 인사해요. 인터넷과 연결된 인형은 소리를 녹음해 서버에 저장해요. 또한 사람의 말을 알아들을 수 있는 프로그램을 통해 인형은 자기 주인을 알아볼 수 있어요. 인형은 주인과 이야기를 나눌 수 있는 로봇 친구가 돼요. 또한 인형과 아이가 함께한 대화와 놀이는 모두 저장되며, 부모는 저장된 정보를 출력할 수 있어요.

인터넷과 최초로 연결된 사물은 커피메이커였어요!

깜짝 놀랄 인터넷 현상

인터넷을 사용하면서 가장 놀랐던 일은 무엇이었는지 월드 와이드 웹을 만든 팀 버너스 리에게 물었더니, 그는 '아기 고양이'라고 대답했어요.
웹은 사람들 사이에 정보뿐 아니라 일상을 나누는 중요한 통로가 되었어요.

우리는 인터넷으로 영화를 보고, 게임을 하며, 음악을 들어요.
어른들은 인터넷을 통해 물건을 사고, 은행 업무를 보기도 하지요.
인터넷에서 궁금증을 해소할 수도 있어요. 에펠탑이 얼마나 높은지,
욕조 하나에 탄산음료가 얼마나 들어가는지 알기 위해 인터넷을 검색하기도 하지요.
이러한 정보들은 함께 나누고자 마음만 먹으면, 인터넷을 통해 쉽게
전 세계에 전파될 수 있어요.

밈(짤방)

이미지, 음악, 재미있는 이야기는 우리가 사는 시대의 유행을 보여 줘요. 인터넷은 국경을 넘어 어디서든 쉽게 이러한 것들을 나눌 수 있게 해 줘요.

동물이나 사람 사진에 웃기는 말을 덧붙여 재미있는 이미지로 만든 후 인터넷에 많이들 올려요. 이걸 밈이라고 하는데, 한국에서는 짤방이라고 해요. 이러한 짤방은 크게 인기를 얻어 인터넷 곳곳에 퍼지기도 하지요.

> 밈(짤방)이라는 말은 인터넷이 생기기 전부터 이미 있었어요. "하나의 문화 안에서 사람에서 사람으로 이어지며 퍼지는 생각, 행동이나 양식"을 뜻해요.

봉제 인형 상품까지 나온 그럼피 캣 같은 스타 고양이가 인터넷에 많아요.

바이럴

인터넷에서 무엇인가가 빠르게 퍼지는 일을 '바이럴(입소문)'이라고 해요. 바이럴은 바이러스에서 비롯된 말이에요. 바이러스에 걸리면 건강에 안 좋지만, 널리 퍼지기를 원하는 일이 있다면 입소문을 타는 것은 좋은 일이에요.
대개 유튜브 영상이나 재미있는 짤방들이 입소문을 잘 타요. 이런 입소문을 탄 것들은 빨리 퍼진 만큼 금방 잊혀지기도 해요. 새로운 성공작들이 계속 쏟아져 나오니까요.

인터넷은 고양이 천국

인터넷에는 고양이를 소재로 한 짤방과 우스갯소리가 특히 많아요. 고양이는 '롤캣'(Lolcat:고양이 사진에 문장을 넣은 유머러스한 영상)이라는 자기네 말까지 갖게 되었어요.
왜 이렇게 고양이가 인터넷에서 인기가 많은지 많은 연구자들이 연구했지만 마땅한 해답은 못 찾았어요.

레이지 코믹에 등장하는 캐릭터들

레이지 코믹

레이지 코믹은 '화가 나는 만화'라는 뜻이에요. 사람을 막대 같은 몸에 다양한 표정이 있는 얼굴로 표현한 짧은 웹툰이에요.

뭘까? 뭘까?

유튜브(YouTube)

유튜브는 조드 카림, 채드 헐리, 스티븐 첸이 함께 창업했어요. 2006년에 그들은 유튜브를 16억 5,000만 달러(약 1조 8,400억 원)에 구글에 팔았어요.

최초의 영상은 2005년 4월 23일에 올라왔어요. 이 영상의 제목은 「동물원에 있는 나(Me at the ZOO)」이며, 유튜브 창업자 중 한 명인 조드 카림이 코끼리 코에 대해 이야기하는 18초짜리 영상이었지요.

오늘날 전 세계 사람들의 1/30이 유튜브를 이용해요. 유튜브에 있는 영상들을 다 볼 수는 없어요. 1분마다 300시간에 달하는 새로운 영상들이 올라오기 때문이지요.

유튜브에서 사람들이 가장 많이 보는 영상은 뮤직비디오, 게임비디오, 재미있는 영상, 사용법 설명 영상, 새로운 물건을 시연하는 연산이에요.

만약 여러분이 올린 영상을 100만 명이 넘는 사람들이 구독했다면 유튜브에서 주는 '골드 플레이 버튼상'을 받아요. 한번 도전해 볼래요?

음악과 춤

유튜브에서 가장 많은 사람들이 본 뮤직비디오는 싸이의 「강남 스타일」이에요. 조회 수가 2,147,483,647에 달했을 때 조회 수 측정 기능이 종료되기도 했어요. 유튜브를 만든 사람들도 게시 영상이 이렇게 많이 조회되리라고는 예상 못 했던 거지요. 그래서 이후 조회 수 측정이 계속될 수 있게 코드를 새로 짜야 했어요.

가장 유명한 음악 짤방은 영국 출신 가수 릭 애슬리가 1987년에 부른 「절대 당신을 포기하지 않겠어요(Never Gonna Give You up)」의 뮤직비디오예요.

새로 나온 게임의 미리보기로 연결된다고 해 놓고는, 그걸 클릭하면 릭 애슬리의 뮤직비디오로 연결되게 속임수를 써 놓은 거지요. 이런 속임수에 넘어간 사람들을 '릭롤링(Rickrolling)'되었다고 해요.

릭롤링은 크게 유행했고, 2008년 만우절에 유튜브는 사람들이 누르는 링크가 몽땅 릭 애슬리의 뮤직비디오로 이어지는 장난을 치기도 했답니다.

강아지는 인기가 없나요?

고양이만 인기 있는 건 아니에요. 사실 강아지가 나오는 이미지와 영상이 더욱 흔해요. 검색어도 고양이보다 강아지가 더 많고, 인스타그램에서는 강아지 계정이 고양이 계정보다 팔로워가 더 많아요. 그렇지만 중요한 건 고양이가 더욱 유명하고, 고양이 짤방과 고양이 스타가 더욱 많다는 거예요.

스타 강아지, 도지

릭 애슬리

인터넷이 없던 시절

인터넷은 이야기하고 어울려 지내며 노는 소통의 새로운 방식일 뿐이에요.

메시지 보내기

17세기에 스톡홀름에서 예테보리로 편지를 한 통 보내는 일은 모험이었어요. 시간이 일주일이나 걸렸을 뿐 아니라, 도중에 도적들을 만날 수도 있어서 편지가 도착 못 하기도 했어요.

전화

전화는 19세기 중반에 발명되었어요. 전화가 발명됨으로써 멀리 떨어진 곳에 사는 사람과 쉽게 이야기할 수 있게 되었지요. 그러다가 휴대할 수 있는 이동전화기가 나오면서 세상은 크게 달라졌어요. 오늘날 지구에는 사람보다 이동전화기가 더 많답니다.

암호

2,000년 전 로마 최고 권력자였던 율리우스 카이사르는 암호를 개발했어요. 카이사르는 받는 사람만 읽을 수 있도록 특정한 방식으로 철자를 바꾸는 방법을 사용했어요. 이러한 방식을 '카이사르 암호'라고 해요.
인터넷에서도 정보를 안전하게 보내기 위해 암호를 사용해요. 암호화에 대해 더 자세히 알고 싶다면 34쪽에서 살펴보세요.

영상과 이미지

오랜 옛날부터 사람들은 이야기하기를 좋아했어요. 현존하는 가장 오래된 그림은 2만 년이 훨씬 넘은 동굴 벽화예요. 5,000년 전 이집트에서는 그림과 그림문자(상형문자)로 이야기를 나눴어요. 바이킹은 1,000년 전쯤 룬 비석에 자신들의 중요한 역사를 새겼어요.

카메라

1826년 세계 최초로 카메라가 나왔을 때 사진 한 장을 찍는 데 8시간이나 걸렸어요. 그 당시에는 사진을 찍으려면 카메라 앞에서 오래 버틸 힘이 필요했어요.

텔레비전

1929년 세계 최초로 영국에서 텔레비전 방송이 시작되었어요. 한국 최초의 텔레비전은 1966년에 금성전자에서 제작된 VD-191이었어요. 오랫동안 영화와 텔레비전은 흑백이었어요. 그러다가 1980년에 컬러 텔레비전이 보급되었어요.

셀카

셀카는 셀프 카메라의 줄임말로, 영어로는 셀피(selfie)라고 해요. 사진기로 자신의 모습을 촬영하는 걸 말하는데, 디지털 카메라가 보급되면서 유행되었어요. 디지털 카메라가 없던 15세기에는 거울에 비친 자기 모습을 보고 자화상을 그렸답니다.

음악

1866년 토머스 에디슨은 최초의 축음기 포노그래프를 발명했어요. 그리고 거기에 「메리의 양」이라는 동요를 녹음했어요. 이후 회전판에 레코드판을 올리고 바늘이 달린 막대를 놓으면 음악이 재생되는 LP가 나왔어요.

카세트테이프 플레이어는 사람들이 간단한 방식으로 자기 음악을 녹음할 수 있게 해 주었어요. 카세트테이프 하나에 음악을 90분 동안 담을 수 있었지요. 그 다음에 콤팩트디스크(CD)와 미니디스크(MD)도 나왔어요. MP3 플레이어는 주머니에 들어가는 자그마한 장치 하나에 수천 곡을 담을 수 있는 놀라운 기계였어요.

오늘날 사람들은 인터넷에서 듣고 싶은 음악을 스트리밍으로 많이 들어요.

깨알 정보

스마트폰이나 컴퓨터의 설정에서 맥(MAC) 주소를 볼 수 있어요.

꼭 알아둬요!

- 인터넷을 사용하다가 이상한 일이 생기거나, 인터넷에서 여러분에게 나쁜 짓을 하는 사람이 있다면 부모님이나 선생님께 꼭 이야기하세요.

- 인터넷 정보를 무조건 믿지 말고 사실 여부를 꼭 확인하는 습관을 가지세요. 또한 이미지를 사용할 때도 이미지 검색을 해서 다른 사람에게서 허락 없이 가져온 건 아닌지도 확인하세요.

- 암호나 남이 알아서는 안 되는 정보를 다른 사람이 묻는다면 절대로 가르쳐 주지 마세요.

- 무슨 일이 생기면 증거로 남길 수 있게 화면 캡처(스크린샷) 하는 법을 배워 놓으세요.

46쪽에서 똑똑한 인터넷 검색법에 대해 읽어 보세요.

똑똑한 암호 설정법은 36~37쪽에 있어요!

와이파이 네트워크가 암호 없이 열려 있다면, 와이파이를 함께 쓰는 사람들 모두 여러분이 어떤 정보를 보내고 받는지 볼 수 있어요. 여러분에 대해 관심을 갖고 어떤 정보를 보내는지 신경 쓸 사람이 없겠지만, 그래도 보안에 신경 써서 나쁠 건 없지요. 공중 장소에서 암호 없이 열린 와이파이를 쓴다면 전자우편이나 민감한 정보들은 사용하지 않는 것이 좋아요.

명심하세요!
검색할 때 맨 처음 나오는 검색 결과들은 대개 광고라는 사실을!

스마트폰의 와이파이 수신 기능을 끄면 배터리가 덜 닳지요.

바이러스와 악성코드

- 의심 가는 전자우편에 딸린 첨부 파일을 열어 보지 마세요.

- 안전하다고 확인되지 않은 인터넷 링크를 함부로 클릭하지 마세요. 바이러스가 퍼져 친구들에게까지 감염된 링크들을 보낼 수 있어요. 그리고 안전한 사이트에서만 프로그램을 내려받으세요.

- 만일 여러분에게 공짜로 파일이나 프로그램을 주겠다는 사람이 있다면, 받기 전에 어른에게 확인을 받으세요.

- 모든 프로그램을 최신판으로 유지할 수 있도록 반드시 컴퓨터나 스마트폰을 업데이트하세요. 그렇지 않으면 악성코드가 쉽게 침투할 수 있어요.

- 백신 프로그램을 사용한다고 해서 유해 코드 감염을 막을 수 있는 건 아니에요. 인터넷 링크와 파일을 조심하는 것이 가장 최선의 방책임을 명심하세요.

1990년 12월 25일 팀 버너스 리는 처음으로 자기 웹 페이지를 만드는 데 성공했어요. 이 웹 페이지는 지금도 들어갈 수 있어요.
http://info.cern.ch/hypertext/WWW/TheProject.html

용어 설명

광대역(broadband)
데이터를 많이 보내고 받을 수 있게 해 주는 인터넷 연결이에요. 대개 속도는 초당 2 메가비트(Mbit)예요.

광섬유
인터넷을 사용할 때 데이터를 보내기 위해 사용하는 유리로 된 가느다란 실이에요.

검색 엔진
구글이나 네이버, 다음처럼 웹의 콘텐츠를 찾아내기 위해 만들어진 프로그램이에요.

그루밍(grooming)
나쁜 의도가 있는 어른이 인터넷에서 어린이에게 나쁜 짓을 하려고 연락하는 범죄예요.

기계어
컴퓨터가 이해할 수 있는 0과 1로 이루어진 코드예요.

다크넷(darknet)
보통 사용하는 웹 브라우저로는 들어갈 수 없는 인터넷의 일부예요. 다크넷에 들어가려면 특수한 프로그램 소프트웨어가 필요해요.

도메인 네임(domain name)
IP 주소 대신 사용하는 인터넷 주소예요.

딥웹(deep web)
암호로 잠겨 있거나 다른 방식으로 숨겨진 웹을 말해요.

라우터(router)
네트워크와 연결해 트래픽을 계속 보내는 장치예요. 라우터는 스위치와 함께 액세스 포인트 안에 들어 있어요.

마크업 언어(makeup language)
HTML과 CSS는 마크업 언어이며, 프로그래밍 언어가 아니에요. 마크업 언어는 웹 페이지의 모습이 어때야 하는지를 설명하기 위해서만 사용돼요. 어디에 어떤 글꼴과 색깔의 글자가 있어야 하는지 지정해서 표시해요.

맥(MAC) 주소
네트워크를 사용할 수 있는 모든 장치가 만들어지면서 받는 번호예요. 맥 주소는 0f:2a:b3:1f:b3:1a 같이 숫자와 알파벳의 조합으로 이뤄졌어요.

밈(meme : 짤방)
이미지나 음악, 글을 복사해서 웃기는 말을 덧붙여 자기 나름의 결과물을 만든 걸 밈이라고 해요. 주로 우스꽝스런 게 많아요.

바이러스(virus)
컴퓨터 바이러스는 다른 프로그램들 안에 자리를 잡고 많은 문제를 일으킬 수 있어요. 최악의 경우 컴퓨터 저장 파일들의 상당수에 손상을 입히고 프로그램들을 망가뜨려요. 대개 전송된 파일들을 클릭해서 감염돼요.

바이럴(viral : 입소문)
인터넷에서 무엇인가가 빠르게 퍼지는 일을 말해요. 바이럴이라는 말은 바이러스에서 비롯되었어요.

바이트(byte)
비트들은 여러 가지 묶음으로 나뉘는데, 대개 8비트로 묶여요. 비트들이 일정 단위로 묶인 묶음 하나를 바이트라고 해요.

브라우저(browser)
브라우저는 웹 브라우저라고도 불려요. 크롬, 사파리, 파이어폭스, 인터넷 익스플로러가 많이 쓰이는 웹 브라우저예요.

블루투스(bluetooth)
인터넷을 사용하지 않고도 데이터를 컴퓨터 사이에서 보낼 수 있는 기술이에요. 블루투스는 먼 거리에서는 안 되고, 장치들끼리 서로 곁에 있을 때 가장 잘 돼요.

비트(bit)
1비트는 보통 0이나 1로 입력돼요. 0은 '꺼짐'을, 1은 '켜짐'을 뜻해요.

서버(server)
다른 컴퓨터들에게 서비스를 제공하는 컴퓨터예요. 반대로 서버에서 보내 주는 정보 서비스를 받는 측 또는 요구하는 측의 컴퓨터 또는 소프트웨어를 클라이언트라고 해요.

스트리밍(streaming)
스트리밍으로 영화나 영상을 보거나 음악을 듣는다면, 파일을 다운로드하지 않고 인터넷으로 바로 연결해서 듣는 방식이라서 파일이 컴퓨터에 남아 있지 않아요.

시에스에스(CSS)
CSS는 웹 페이지에 어떠한 색깔과 글꼴을 써야 하는지를 나타내기 위해 사용되는 언어예요. CSS가 없으면 홈페이지의 디자인이 단순해져서 재미없어요.

아이피(IP) 주소
인터넷에서 접근할 수 있는 모든 곳은 IP 주소가 있어요. IP 주소는 32비트로 이루어진 숫자이며, 0에서 255까지의 숫자를 4마디로 표기해요.

알고리즘(algorism)
알고리즘은 문제 해결에 대한 공식 또는 설명이에요. 알고리즘은 컴퓨터가 어떻게 일을 해야 하는지에 대해 말해요.

암호화
무엇이라 썼는지 읽을 수 없도록 비밀로 만드는 방법이에요.

액세스 포인트
(access point : 무선 네트워크 공유기)
유선 대신 사용하는 무선 송신기예요. 액세스 포인트 안에 스위치와 라우터가 들어있어요.

에스엠티피(SMTP)
전자우편을 보낼 때 사용하는 프로토콜이에요.

에이치티티피(HTTP)
웹을 사용할 때 사용하는 프로토콜이에요.

와이파이(wifi)
컴퓨터와 스마트폰에서 사용하는 무선 기술이에요. 무선을 뜻하는 영어 단어 '와이어리스(wireless)'와 관련이 있는 단어의 줄임말처럼 보이지만, 와이파이라는 말에는 아무 뜻도 없어요.

응용 계층(applications layer)
인터넷에서 정보를 보내는 과정에서 거치는 다양한 계층이 있어요. 응용 계층은 마지막에 거치는 계층이에요.

주파수
초당 파동의 수예요. 파동은 일정한 진동이 시간의 흐름에 따라 주위로 멀리 퍼져나가는 현상을 말해요.

코드
컴퓨터를 작동시키기 위해 입력하는 기호예요.

쿠키(cookie)
웹 브라우저에 놓이는 작은 정보예요. 쿠키의 도움을 받아 웹 사이트들은 여러분이 누구이며 얼마나 오래 웹 페이지에 머무르는지를 확인해요.

클라우드(cloud)
데이터를 컴퓨터에 저장하지 않고, 인터넷의 도움을 받아서 서버에 저장할 때, '클라우드'에 있다고 말해요.

토르(Tor)
익명으로 인터넷 서핑을 하게 해 주는 프로그램 소프트웨어, The Onion Router의 줄임말이에요.

통신사/망 제공자
우리는 통신사/망 제공자에게서 인터넷 서비스와 이동전화 서비스를 사요. 통신사는 대개 우리가 돈을 내고 사용할 수 있는 중계국과 광섬유를 소유하고 있어요.

트롤링(trolling)
배가 이동하면서 동시에 많은 미끼를 던져 물고기를 잡는 고기잡이 방법이에요. 같은 방식으로 인터넷 트롤은 사람들이 걸려드는지 보려고 인터넷에 많은 댓글을 깔아놓지요.

포트(port)
인터넷에서 데이터를 보낼 때, 데이터에는 어떤 포트로 가야 하는지 명시되어 있어요. 포트는 들어오는 데이터를 관리하기 위해서 어떤 프로세스가 사용되어야 할지를 컴퓨터에게 알려 주는 메시지예요. 만일 80포트라고 명시되어 있다면 웹 페이지라는 뜻이며, 25포트라고 명시되어 있다면 전자우편이 도착한다는 뜻이에요.

프로그래밍 언어
프로그래밍은 컴퓨터가 우리가 원하는 대로 작동하도록 컴퓨터에 지시를 입력하는 일을 뜻해요. 프로그래밍을 할 때는 기계어가 아닌 프로그래밍 언어를 사용해요. 이는 기계어보다 쉬워요.

프로토콜(protocol)
프로토콜은 프로그램이 인터넷에서 어떻게 작동해야 하는지에 대한 일종의 합의예요. 다양한 프로토콜을 사용함으로써 컴퓨터는 어떻게 0과 1을 읽어야 하는지에 대한 정보를 받아요.

찾아보기

ㄱ

검색 엔진 47, 58
계정 해킹 42
광섬유 24, 25, 58
광케이블 18, 22, 23, 24
광파 18, 19, 22
구글 47, 48, 53
국제인터넷주소관리기구(ICANN) 44
국제전기통신연합(ITU) 45
그루밍 43, 58
기가바이트 30
기계어 17, 32, 58

ㄴ

네트워크 10, 11, 12, 28, 29

ㄷ

다자간협의모델 44
다크넷 39, 58
단위 환산표 30
덕덕고 47
데이터 17, 18, 20, 22, 28, 30, 31
데이터 용량 31
도메인 네임 44, 45, 58
도메인 네임 시스템(DNS) 45
디도스 공격 40
딥웹 38, 58

ㄹ

라우터 11, 28, 29, 35, 58
러브레터 바이러스 41
레이지 코믹 53

로버트 칸 13
롤캣 52
링크 계층 28

ㅁ

마크업 언어 33, 58
맥(MAC) 주소 28, 58
메가비트, 메가바이트 30
매사추세츠공과대학교(MIT) 40
무선 데이터 21
무선 신호 20, 21
밈 52, 53, 58

ㅂ

바다사자 49
바이러스 41, 52, 57, 58
바이럴 52, 58
바이트 16, 30, 31, 58
브라우저 15, 27, 58
브이피엔(VPN) 36
블로그 49
블루투스 50
비트 16, 20, 30, 31, 58
빈트 서프 13
빌 듀벌 12, 13

ㅅ

사물 인터넷 50, 51
사이버 폭력 42, 43
사파리 15
서버 11, 58

셀카 55
셀피 55
소셜 미디어 42, 43
송신자 19
수신자 19
스마트폰 20, 21
스위치 11
스트리밍 49, 58
스팸메일 50
시에스에스(CSS) 33, 59
신호 증폭기 19

ㅇ

아스키코드 17
아이피(IP) 계층 29
아이피(IP) 주소 12, 13, 28, 29, 44, 45, 59
아이피브이포(IPV4) 28, 29
아이피브이식스(IPV6) 29, 29
아르파넷 12, 13
악성코드 41, 57
알고리즘 32, 34, 59
암호화 34, 35, 36, 59
액세스 포인트 11, 59
어나니머스 40
에스엠티피(SMTP) 27, 29, 59
에이치티엠엘(HTML) 14, 33
에이치티티피(HTTP) 14, 27, 36, 59
에이치티티피에스(HTTPS) 36
엑사바이트 30
0과 1 16~18, 26, 27, 30, 32, 34
와이파이 20, 21, 59

60

요타바이트 30
월드 와이드 웹(www) 14, 15
웜 41
웹 15
웹 서핑 48
웹 크롤러 47
유니코드 17
유아르엘(URL) 14
유튜브 49, 52, 53
응용 계층 29, 59
이메일(전자우편) 27, 29, 37, 41
익명화 35
인공위성 18, 21
인터넷 검색법 46
인터넷 따돌림 43
인터넷 메기 49
인터넷 익스플로러 15
인터넷 항해 48
인터넷 현상 52, 53
입소문 52, 58

짤방 52, 53, 58
전자기파 18, 19
전파 18, 19, 20, 21
전화 54
전화선 18
제타바이트 30
주파수 18, 59

찰리 클라인 12, 13

카메라 55
카이사르 암호 34, 35, 54
코드 32, 33, 59
코딩 32, 33
쿠키 46, 59
크롬 15
클라우드 11, 59
킬로바이트 30, 31

테라바이트 30
텔레비전 55
토르 35, 59
트래픽 11, 44
트로이 목마 41
트롤 42, 49
트롤링 49, 59
티시피 계층 29
티시피/아이피(TCP/IP) 13, 29
텔레비전 55
팀 버너스 리 14, 52, 57

ㅍ
파이어 폭스 15
파장 18
패킷 28, 29, 34, 35
페타바이트 30
포트 29, 59
프로그래머 16, 17, 32, 33
프로그래밍 언어 17, 32, 33, 59
프로그램 32, 33
프로토콜 26, 27, 29, 59

피싱 42, 49
필터 버블 47

해적 49
해커 40
해킹 37, 40, 42, 50
헤디 라마르 21
혐오 발언 42